LE BARON
DE
L'EMPIRE,

PAR M. MERVILLE.

Tome Premier.

PARIS.
AMBROISE DUPONT, ÉDITEUR,
RUE VIVIENNE, N. 16.

1832.

SOUS PRESSE.

Pour paraître en février.

LE MUTILÉ,

par

M.-X.-B. SAINTINE,

1 vol. in-8°, orné d'une vignette

L'INVALIDE,

TRADUIT DE L'ALLEMAND.

par

DHERSBERG,

5 vol. in-12.

Pour paraître en mars.

DANTON,

par

FONTAN,

2 vol. in-8°, ornés de vignettes.

UN SUICIDE,

par

AUGUSTE LUCHET,

1 vol. in-8°, avec vignette.

Pour paraître en avril.

LE PROCUREUR IMPÉRIAL,

par

M. MERVILLE,

5 vol. in-12.

EN VENTE.

ALMANACH NATIONAL

POUR 1832

Seconde année,

1 volume in-18. Prix : 4 fr.

LE BARON

DE

L'EMPIRE.

LE BARON DE L'EMPIRE.

I.

Le Bard.

Le jour des rois, 6 de janvier 1790, on célébrait au Bard la fête du jour avec toute la simplicité des temps anciens; les parts du gâteau consacré venaient d'être tirées, et chacun des convives, rempli d'une innocente ambition, cherchait dans la sienne la fève qui devait désigner le roi du festin, quand la cloche extérieure, violemment agitée, se fit entendre tout à coup, et fut aussitôt accompagnée des aboiemens de deux énormes chiens qui servaient de guet-et-garde à cette habitation.

Le maître donna ordre qu'on ouvrît ; et tandis qu'on s'occupe de lui obéir, nous allons dire ce que c'était que le Bard.

C'était une riche propriété située au nord de l'évêché de Luçon, dans le doyenné de Montaigu. M. Guesdon, son fondateur, lui avait capricieusement donné ce nom de Bard, qu'il avait ajouté au sien, et sous lequel même il était plus généralement connu. Le

CHAPITRE I.

Bard n'était ni un château, ni une métairie; il tenait de l'un et de l'autre. Il y avait un vaste jardin, un riche potager, un bois, une maison de maître bien assise, avec avenue, cour, colombier et girouette; puis des fabriques, des prairies, de nombreux bestiaux qui sentaient la ferme et l'herbagerie autant que le reste, le manoir seigneurial. Cette charmante demeure était isolée à un quart de lieue de la Coupechanière, petite cure du doyenné, et près de la forêt de Gralar. Elle dominait, au nord et à l'est, une immense étendue de terrain où se voyaient les villages de la Rabatelière, de Chavagnes, des Brousils et de Boufféré; et, dans le lointain, Montaigu avec ses clochers élevés et ses toits de tuile rouge. Trois jolies rivières serpentaient dans cet Éden, et allaient se rendre dans la Petite-Maine, après avoir fécondé le sol de leurs détours multipliés. Le Bard était préservé des vents froids et salins de l'ouest par la forêt qui les tamisait, et ne les laissait parvenir à cette heureuse habitation que chargés d'oxigène et de bienfaisantes vapeurs végétales. La chaîne des monticules verdoyans qui, partant du Grelar, bornait la vue du Bard au midi, lui rendait un service non moins précieux, en retenant les orages qui auraient pu fréquemment lui nuire de ce côté.

Toute la félicité dont cet aimable séjour faisait concevoir l'idée, ses fortunés habitans la goûtaient en effet. Ils étaient sages, modérés, bienfaisans; ils cachaient leur vie, et trouvaient dans une bonne santé et les plaisirs do-

CHAPITRE I. 5

mestiques une riche compensation aux biens chimériques rêvés par les ambitieux.

Pourquoi le terme en fut-il si proche!

Nous avons dit que le maître se nommait M. Guesdon, et qu'à ce nom bourgeois il ajoutait celui de sa métairie. Issu d'une bonne famille de négocians de La Rochelle, il était devenu, dans sa jeunesse, amoureux d'une demoiselle du nom de la Jarne. Pour l'épouser, il lui avait fallu renoncer au commerce, et acheter une croix de St.-Louis, nommée en ce cas-là savonnette-à-vilain. La compagne qu'il se donnait n'avait cependant ni dot, ni fortune à espérer : elle était de sang noble; cela justifiait tout. Il faut ajouter que, sentant le mérite des complaisances auxquelles il s'était soumis pour elle, elle en avait conçu une vive reconnaissance, et ne laissait échapper aucune occasion de la lui témoigner. Du reste, ces complaisances n'avaient pas coûté de grands efforts au jeune Guesdon; car, en toute circonstance, jamais il n'y eut d'homme plus disposé à s'oublier pour les autres : il était naturel qu'il témoignât particulièrement cette disposition à sa femme qu'il aimait beaucoup, et dont la complexion était fort délicate.

Elle lui avait donné trois enfans : une fille nommée Julie, mariée, au temps dont nous parlons, à un sieur de Bretignolles, gentilhomme ordinaire de la chambre du roi; un fils que son parrain monseigneur l'évêque de Luçon avait nommé Charles; et une seconde

CHAPITRE I.

fille plus jeune de trois ans que la première, tenue sur les fonts baptismaux par le marquis de La Roche-St.-André : celle-là se nommait Laurentine.

Toute cette famille, le père, la mère, les trois enfans et le gendre, plus M. Guesdon, curé de la Coupechanière, frère de M. du Bard, était à table quand le coup de cloche soudain, dont nous avons parlé, se fit entendre. L'ordre d'ouvrir ayant été donné, comme nous l'avons aussi raconté, le domestique qui s'était chargé de le mettre à exécution rentra bientôt dans la salle à manger, suivi d'un petit homme vif, noir, de l'âge de vingt-cinq à trente ans, lequel fit en entrant d'interminables révérences. —Ah ! s'écria madame de Bretignolles en le voyant paraître, c'est le cher M. Rabillé! — Comment se porte Françoise ? lui demanda madame du Bard. — Madame, répondit-il, en rougissant jusqu'au blanc des yeux, Françoise se porte assez bien pour son état : elle vient d'accoucher. — D'accoucher! s'écria Laurentine. Ainsi donc, mon bon M. Rabillé, vous avez un enfant! Est-ce un garçon ou une fille ? — Mademoiselle, c'est un garçon.

On invita le petit homme à s'asseoir, et M. du Bard lui versa un verre de vin.

Ce M. Rabillé était un drôle de corps, haut de quatre pieds neuf pouces, nerveux, leste, en qui, selon le langage de nos physiologistes, dominait l'appareil locomoteur. Barbier et bedeau de son état, il était gai, curieux, bavard et poltron. Sa femme,

CHAPITRE I.

cette Françoise dont il venait annoncer l'accouchement, avait été, avant de l'épouser, femme-de-chambre de madame du Bard qui l'avait élevée et l'aimait beaucoup. Peu de marcheurs l'eussent emporté sur Rabillé : jamais il n'avait éprouvé de fatigue ; il s'arrêtait au bout de sa course, au bout de son voyage, parce qu'il n'avait pas de raison pour aller plus loin, mais jamais parce qu'il était las. Il habitait la commune de Vieille-Vigne. Plus d'une fois on l'avait vu faire dans une journée le chemin de ce village à Luçon, et même à La Rochelle. Armé de la longue perche nécessaire au voyageur pédestre dans cette contrée coupée de canaux et de ravins, on le voyait, en parcourant les châteaux circonvoisins, franchir d'un saut des largeurs de trente et quarante pieds aussi lestement qu'un clerc d'huissier à Paris saute un ruisseau du Marais ou de la rue Saint-Honoré. Dans ses séjours à Vieille-Vigne, il ne portait que des sabots; mais dans ses excursions, il chaussait une paire de légers souliers dont la semelle en fort cuir était garnie de larges têtes de clous. Alors le sac à poudre dans une poche de son habit rose tendre et sa trousse à rasoirs dans l'autre, il fendait le vent avec une incroyable vélocité.

Ce ne fut pas dans ce costume de travail qu'il se présenta au Bard. Il y venait pour rappeler une promesse où son état de perruquier n'était pour rien. Il avait revêtu son costume de cérémonie : un habit brun à larges basques, qu'il portait aux bons jours sous sa robe de bedeau.

— Tu viens nous rappeler, lui dit

CHAPITRE I.

M. du Bard, que Laurentine doit être la marraine de ton enfant. Nous tiendrons notre parole; mais qui lui donnes-tu pour compère?

— Ma foi, Monsieur, sauf votre respect, voilà où est le nœud de l'affaire. J'avais compté sur M. Vrigneau de Vieille-Vigne; je viens de chez lui; il est désolé : il se met en route demain dès le matin pour des affaires qui ne peuvent pas se retarder, à ce qu'il dit, et je me vois forcé de recourir à un autre; car Monsieur et Madame sentent bien que je ne peux pas exposer le salut de mon innocent pour un parrain.

— C'est bien pensé, dit le frère de M. du Bard.

— N'est-ce pas, monsieur le curé?

— Et sur qui as-tu jeté les yeux pour remplacer M. Vrigneau?

—Je prendrai qui vous voudrez, si par hasard vous aviez quelqu'un, parce que Françoise tient surtout à mademoiselle Laurentine. Mais moi, je pourrais compter sur l'aîné des Joly d'Esenay.

Ici. M. de Bretignolles fronça le sourcil.

—Eh mais! reprit M. du Bard, ces Joly sont d'honnêtes artisans...

— Ils sont très-aisés, ajouta Rabillé ; et le père a été sergent dans le régiment d'Aunis.

— Oui, c'est une famille estimable; leur as-tu parlé?

— Mais... je leur ai touché deux mots.

—Cela suffit; Laurentine tiendra ton enfant.

CHAPITRE I.

Rabillé se leva et fit un saut de joie. On lui versa un nouveau verre de vin, qu'il demanda la permission de boire à la santé de sa jolie commère; et tandis qu'il faisait cette libation, la sonnette éveilla de nouveau les chiens, ce qui était une grande rareté au Bard. Cela lui servit de prétexte pour prendre congé; car si c'était pour le juif-errant un supplice que de marcher, c'en était un plus grand pour Rabillé que de rester en place. En cette occasion surtout, ayant une agréable nouvelle à porter à Françoise, à Françoise qui souffrait par lui, à Françoise par qui il se trouvait père, et père d'un garçon, il avait du vif-argent sous les pieds. Un geste que lui fit Laurentine l'obligea cependant de se rasseoir.

Nous en saurons la raison dans le

chapitre suivant, où nous verrons aussi quel nouvel hôte arrivait au Bard.

II.

M. le Chevalier et le frère Magloire.

Un missionnaire de Saint-Laurent entra, amené par le même domestique qui avait introduit Rabillé. On le reçut avec de grandes marques de respect. Nous dirons plus tard ce qu'il était, et ce que c'étaient que les missions de Saint-Laurent. Quand il eut pris place, et que la conversation, devenue vive par l'impulsion qu'il lui avait donnée, permit à Laurentine de parler à part au mari de Françoise :

— Rabillé, lui dit-elle en baissant un peu la voix, il faut que vous m'instruisiez d'une chose.

— Je suis prêt à obéir à Mademoiselle.

— Vous connaissez beaucoup de monde dans le doyenné?

— Dans le doyenné, dans l'archidiaconé, dans tout le diocèse, Mademoiselle, je crois que je connais tout le monde. Défunt mon pauvre père, qui avait tant de pratiques, qui était si estimé dans ce bon pays, ne fit jamais un pas sans moi, dès que je fus en état

CHAPITRE II.

de le suivre. J'ai commencé par faire connaissance avec les enfans. C'était naturel : les enfans font si aisément connaissance ! Il n'y a pas de distance, pas de distinction d'état entre eux ; ils y vont à la bonne franquette, sans se soucier qu'on soit noble, bourgeois ou paysan. Et je me souviens d'un temps, qui n'est pas très-éloigné, où je tutoyais des petits garçons qui sont devenus de grands Messieurs : les Genansaut, les La Génetouze, les Mormaison, les... les... et tant d'autres.

— Je le crois. Dites-moi donc ce que c'est... qu'une demoiselle que j'ai vue hier chez M. de La Roche-Saint-André?

— Très-volontiers : comment se nomme-t-elle?

— Vraiment, c'est ce que je désire

que vous m'appreniez : si j'étais en état de vous le dire, je ne vous le demanderais pas.

— J'entends. Alors ayez la bonté de me la dépeindre.

— Elle est petite, assez jolie, blonde, et danse très-bien.

— Nous avons mademoiselle de Creil.... Mais elle est grande... cinq pieds deux pouces.

— Ce n'est pas cela.

— C'est ce que je dis : ce n'est pas cela. Nous avons mademoiselle d'Aurillé qui danse comme les fées... Mais vous dites blonde ?

— Oui.

— Mademoiselle d'Aurillé est brune. Sa cousine, mademoiselle de Ligneron, est petite et assez jolie ; mais... elle a

CHAPITRE II.

un défaut dans la taille : je serais bien surpris si elle dansait. Ce ne peut être la pauvre demoiselle de Lairière, si mignonne, si légère, et d'un si beau blond cendré! O dieu!

— Pourquoi ne serait-ce pas elle?

— Ah! c'est que voilà quinze jours qu'elle est morte.

— Dieu fasse paix à son âme! Mais mon bon Rabillé, vous vous moquez de moi. Celle dont je parle....

Ici mademoiselle Laurentine rougit beaucoup, et sa voix devint très-sourde. Elle se rassura cependant un peu, et reprit :

— Celle dont je parle a un frère.

— Ah! un frère?

— Ne parlez pas si haut : cela interromprait le frère Magloire. Oui, un frère qu'on nomme monsieur le chevalier.

— Des chevaliers... il y en a tant ! Celui-là est-il jeune, bel homme ?

— Je... n'ai pas fait attention à cela.

— Il m'est impossible pour le moment de vous dire... Je m'informerai... je demanderai quel est le frère qui a une sœur....

— Non, non : quelle est la sœur....

— Qui a un frère... c'est absolument la même chose.

— Oh ! pardonnez-moi, c'est fort différent.

— Enfin, d'une façon ou de l'autre, soyez sûre que je vous dirai cela tout au juste, et promptement.

— Je vous serai bien obligée. Ne me nommez pas.

CHAPITRE II.

— Non, non. Je m'informerai seulement, comme si c'était... pour m'informer.

— Bien. Allez retrouver votre femme, et dites-lui que je suis bien aise qu'elle soit heureusement délivrée.

Rabillé salua et sortit.

Venons maintenant au missionnaire et aux missions Saint-Laurent.

Tout le monde sait que les missions de France furent instituées dans le dix-septième siècle par saint Vincent-de-Paule qui en fut le premier général. C'était une congrégation de prêtres, dont le premier et principal emploi était de travailler à l'instruction des habitans de la campagne et des petites villes, où il n'y avait ni évêché, ni présidial, sous l'autorité des évêques et avec l'agrément des curés. Cette congrégation répandait la sainte parole dans plusieurs provinces, et particulièrement dans celles qui, avant la révocation de l'édit de Nantes, avaient pu être infectées d'hérésie. La contrée où était situé le bourg de Saint-Laurent, appartenant à l'évêque de La Rochelle, se trouvait dans ce cas. Cependant les maisons du Poitou parurent long-temps suffisantes, et ce ne fut que vers 1730 que celle-là fut fondée. On ne peut douter ni de son zèle, ni de son activité. Non-seulement elle fit disparaître en fort peu de temps les derniers vestiges du calvinisme, mais elle répandit, dans un rayon de plus de vingt lieues autour d'elle, le plus grossier et le plus opiniâtre fanatisme qui ait jamais abruti et dégradé l'espèce humaine.

Frère Magloire appartenait à cette

maison, dont il était un des plus dévoués et des plus précieux agens. Il n'avait ni esprit, ni savoir : une foi aveugle et une ardente conviction lui en tenaient lieu, et ne lui donnaient que plus d'empire sur ses imbéciles prosélytes.

On lui donnait quelquefois retraite au Bard, et il y était reçu avec tout le respect qu'on croyait devoir à sa robe; mais on n'y aimait pas sa personne.

Nous savons qu'à peine entré, il avait fait prendre à la conversation un caractère tout différent de celui qu'elle paraissait avoir ; voici à quelle occasion :

M. Guesdon de la Coupechanière, qui, en sa qualité de curé, n'aimait pas les missionnaires, car partout où il y a rivalité entre les hommes, il y a inimitié, M. Guesdon avait débuté par quelques maximes du libéralisme d'alors. On sait qu'au commencement de la révolution, ce qu'on nommait le bas clergé se laissait volontiers entraîner à l'esprit du siècle. Le frère Magloire riposta par les lieux-communs les plus extravagans contre l'esprit philosophique, qui portait le monde à des nouveautés dangereuses. Quand Rabillé sortit, voici où en était la discussion, ou même, si l'on veut, la dispute.

—Mon frère, disait M. Guesdon, il n'est question ni de procurer des triomphes à l'impiété, ni de porter atteinte à la discipline. Mais l'abolition de priviléges onéreux aux pauvres, qui sont les enfans les plus chéris de notre divin Rédempteur; mais une sage réforme dans les abus hiérarchiques, ne peuvent raisonnablement se nommer des nouveautés dangereuses.

— Monsieur le curé, on peut argumenter sur tout; et rien n'est plus aisé que de trouver des paroles pour prouver que ce qui est blanc est noir. Ce qui existe est ancien, nous le connaissons; il y a peut-être de l'abus comme vous le dites; mais Dieu qui a donné la prudence à l'homme, n'a pas entendu qu'il aurait une vie sans périls et sans désagrémens; sa sagesse infinie ne nous fait pas de présens inutiles. Voyez comme ce qui se fait n'est pas à l'avantage de l'impiété, voyez comme on respecte la discipline.

A ces mots, il tira de sa poche le décret qui soumettait les prêtres au serment constitutionnel, et le passa à son antagoniste. Celui-ci pâlit en le parcourant.

—C'est-à-dire, s'écria-t-il, qu'un prêtre ne sera désormais pas plus qu'un simple citoyen!

—Et que voulez-vous donc qu'il soit? lui demanda ingénument son frère.

—Ce que je veux! est-ce un honnête homme, est-ce un père de famille, est-ce un chrétien qui me fait cette question? Dans quels États voyez-vous le prêtre dépouillé de droits et d'influence politiques? En bornant l'existence du prêtre à celle des autres particuliers, vous le dépouillez de tout ce qu'il y a de sacré dans son caractère; vous rompez à sa base l'échelle de communication entre la terre et les cieux; vous nous précipitez de notre sphère dans une autre cent fois plus misérable ; la créature de Dieu est chassée d'un second paradis terrestre : il lui restait encore l'immortalité de l'espérance, vous ne lui laissez que la vie matérielle ; vous la livrez tout entière à la mort. Il en sera donc du ministre des autels, du dépositaire de la miséricorde divine, comme du juge salarié, comme de l'avocat, comme du médecin, auxquels chacun recourt selon ses besoins et comme il lui plaît ! Encore n'en use-t-on pas avec le magistrat selon sa fantaisie, et la société lui a-t-elle réservé des cas où de sa seule autorité il peut vous faire comparaître. Quoi ! la naissance, quoi ! le mariage, quoi ! la mort, ces trois grands actes de la vie humaine, pourront se passer sans nous ! la loi civile sera seule en droit d'en connaître ! Et nos biens qui faisaient de notre agrégation un corps indépendant, nos biens nous sont ravis ! Et que devient l'autorité, l'antique et redoutable autorité de notre Saint-Père le Pape !

Ici M. Guesdon et le frère Magloire firent trois signes de croix, et roulèrent les yeux de façon à n'en laisser paraître que le blanc. Le curé de la Coupechanière continua :

—Plus de brefs, plus d'annates, plus de dispenses ! la main consacrée sera soumise à la main séculière ! C'est la ruine, c'est la confusion de tout, c'est l'abomination de la désolation...

—C'est la fin du monde ! ajouta le frère Magloire. Et les deux saints hommes recommencèrent à se signer et à rouler les yeux.

Cela était embarrassant pour la famille du Bard, dont la fête se trouva interrompue par tous ces incidens, au point qu'on ne sut pas quel était le roi de la fève. Il en survint bientôt un autre qui fit même lever tout-à-fait le siége aux convives.

M. Guesdon et le frère Magloire n'avaient pas encore mis un terme aux pieuses marques de leur indignation, que la cloche du logis fut ébranlée pour la troisième fois, mais avec une violence si extraordinaire, que la chaîne s'en rompit. On courut à la grande porte, on y trouva Rabillé privé de sentiment.

III.

L'Apparition.

On releva le malheureux barbier, on le transporta dans une salle où il y avait un bon feu, et l'on s'empressa de lui donner du secours. On eut beaucoup de peine à le rappeler à lui-même;

CHAPITRE III.

et quand il eut repris l'usage de ses sens, il fut encore long-temps sans pouvoir expliquer ce qui lui était arrivé. Enfin, faisant un grand et dernier effort sur lui-même, pâle, les yeux hagards et les cheveux hérissés, il commença d'une voix entrecoupée le récit suivant, qu'il fut plusieurs fois obligé d'interrompre.

—Monsieur le curé... Et vous, respectable frère Magloire, dit-il, en s'adressant à M. Guesdon et au Lazariste, hommes saints et élus de Dieu, secourez-moi... priez pour moi : je suis un homme perdu... Je viens de voir un esprit.

—Un esprit! s'écria tout le monde.

—Un revenant, un ardent, un ange ou un démon... Dieu me fasse miséricorde, mais certainement quelque chose.... une créature... qui n'était ni de chair ni d'os comme vous et moi.

— Et en quel lieu, mon frère, avez-vous eu cette vision ? demanda le missionnaire.

— Hélà ! à une portée de fusil de cette maison, mon saint frère. Ce matin, troublé par la joie de voir Françoise délivrée, j'ai entamé le pain sans songer à faire une croix dessus avec mon couteau. Je me suis tout de suite douté que ça me porterait malheur. Je venais de sortir d'ici ; je cotoyais tranquillement la lisière de la forêt. Il n'y avait pas un nuage au ciel ; il faisait un clair de lune magnifique, et pas une haleine de vent. Tout d'un coup voilà un bruissement dans le branchage desséché des arbres, puis voilà que mon chapeau se retire tout seul de dessus ma tête, et qu'il se met à rouler devant moi. N'y entendant pas malice, je me mis tout d'abord à courir après. Fiez-vous-y ! Je m'en approche à trois différentes reprises ; mais chaque fois, au moment que je me baisse pour le saisir, il fait un nouveau tour brusque à droite ou à gauche, et s'éloigne de plus belle. Au premier coup, je n'y fis pas attention ; au second, ça me parut extraordinaire ; mais au troisième, il me prit une sueur froide, et je fus trempé en un instant. Il ne fait pourtant pas chaud. Dans des occasions de même, on n'est qu'à moitié maître de soi, ou plutôt on ne l'est pas du tout. Au lieu d'abandonner cet ensorcelé de chapeau.... car, après tout, c'est mon neuf, mais il y a long-temps que je l'ai, et un chapeau n'est pas la mort d'un homme ; au lieu, dis-je, de l'abandonner, voilà que je suis ma première idée, et que je continue à le poursuivre. Il tourne vers un fourré ; j'y tourne aussi. Ah ! c'est là…. c'est là que j'ai vu une chose….. Je vivrais cent mille ans, bon frère Magloire, que dans cent mille ans elle me serait encore présente comme aujourd'hui. Une ombre... noire... noire comme l'enfer, se mit à mouvoir devant moi. Ma frayeur redoubla, et je vis tout tourner, et l'ombre, et les arbres, et le chemin, et le ciel ; et la terre se déroba sous moi, et je tombai. Je voulus parler, je voulus prier ; ma langue demeura glacée dans ma bouche. Je fermai les yeux ; soin inutile ! Je ne cessai pas pour cela de voir les mêmes objets : seulement ils m'en

CHAPITRE III.   35

parurent plus épouvantables, car ils étaient tout en feu.

Le frère Magloire demanda de l'eau-bénite, et en jeta quelques gouttes sur Rabillé. Madame de Bretignolles et Laurentine se serrèrent l'une contre l'autre; et les domestiques de la maison, que cet événement venait de mettre en communauté avec leurs maîtres, imitèrent cet exemple de tout leur courage. Rabillé continua.

Avec l'aide de Dieu et de la sainte vierge Marie, je parvins à me remettre sur mes pieds. Alors je levai la tête... le fantôme était encore là... mais grand, grand... comme un chêne. Et il avait une énorme tête... et il étendait à droite et à gauche deux énormes bras... comme s'il voulait m'embrasser. Je sentis mes cheveux se dresser. La lune s'était cachée... je n'en continuai pas moins à voir le géant. Je criai grâce et merci au nom de Notre-Sauveur. Ma voix tremblait et mes dents claquaient. Aussitôt une voix éclatante... comme le tonnerre d'il y a deux ans, quand tout le doyenné fut ravagé par la grêle... une voix comme celle qui nous éveillera pour le jugement dernier, se mit à me crier : Jean-Baptiste, éloigne-toi d'ici! Et je ne sais pas ce que je fis; car depuis ce moment-là je ne me souviens plus de rien.

La terreur du barbier trouva des sympathies chez ceux qui l'écoutaient; et plus d'un, qui n'en fût pas convenu, se sentit plus d'une fois venir la chair de poule pendant son récit. M. Guesdon entreprit de lui faire comprendre que cette vision était fantastique, et provenait d'une erreur de ses sens; mais le frère Magloire combattit cette explication philosophique. Il cita mille histoires authentiques, ou tenues pour telles dans sa pieuse et docte communauté; et, malgré l'intérêt qu'on avait à ne le pas croire, ce fut cependant lui qu'on crut de préférence.

Quand Rabillé eut un peu repris ses forces, on l'engagea à retourner chez lui, où son absence ne pouvait manquer de causer une fâcheuse inquiétude. Il déclara tout net qu'il ne se remettrait pas seul en route. Le frère Magloire offrit de l'accompagner; ce qu'il accepta avec de grandes démonstrations de reconnaissance; et M. Guesdon, profitant de l'occasion, prit congé de la famille du Bard, et partit avec eux. Les domestiques s'étant retirés, et la famille se trouvant libre, chacun dit de cet événement ce qu'il pensait. M. du Bard ne nia pas que les lois de la nature ne pussent être quelquefois changées, interverties par la volonté toute-puissante de celui qui les avait faites; mais il ne pouvait se figurer que cela eût lieu sans but, pour des hommes obscurs, et dans des circonstances ordinaires. M. de Bretignolles, appuyé par l'assentiment tacite de sa femme et de sa belle-mère, soutenait que cela ne devait étonner en aucun temps et par rapport à aucune personne : les gens qui se croient ou que l'on croit les plus importans, dit-il, ne sont pas, de toute nécessité, ceux qui doivent l'être aux regards de la Providence.

— Vous nous la donnez belle! s'écria le jeune Charles, en partant d'un grand éclat de rire, de prétendre que la Providence change l'économie de ses sages lois uniquement pour causer une sueur froide à un pauvre diable de Bas-Poitevin. Ne voyez-vous pas que le poltron, exalté par le grand événement qui s'est passé chez lui, par le vin chaud que cela lui a donné occasion de boire, a fait, dès qu'il s'est vu, la nuit, dans la solitude, autant de choses contre nature de tous les faits naturels au milieu desquels il s'est trouvé? Un coup de vent fait tomber son chapeau : c'est aussitôt cette partie de son vêtement qui reçoit une intention et des facultés. Ce chapeau l'entraîne avec une malice notable vers un fourré où il voit une ombre; il a été vraiment bien bon de n'en voir qu'une !

— Mais cette ombre se meut.

— Par l'effet du vent qui agite le corps dont elle est l'image.

— On se fait un point d'honneur aujourd'hui de ne croire à rien.

— Oh! moi, je crois à la physique, et j'y crois d'une foi robuste et toute orthodoxe. Par exemple, tout tourne autour de lui, le ciel, la terre, et le reste. J'aime autant me figurer qu'il était ivre ou en proie à un étourdissement, comme tout le monde en a éprouvé, que de me laisser persuader par lui que toute la nature ait exécuté une ronde dont il se soit trouvé le centre. Et son géant qui avait une grosse tête et de grands bras! n'a-t-il pas été bien naïf de le comparer à un chêne? C'est précisément ce que c'était: un chêne... ou un autre arbre que son imagination a métamorphosé.

— Mais on l'a appelé, appelé par son nom.

— Il se l'est figuré.

— Manière commode de nier les faits. Balaam s'est figuré que son ânesse lui parlait; Saül s'est figuré qu'il voyait l'ombre de Samuel...

— Si vous le voulez, je ne dis pas le contraire.

— Mon cher frère, on fait de grands et habiles raisonneurs à Sainte-Barbe.

— Je vous remercie pour ma part; et la première fois que j'écrirai à mes professeurs, je leur ferai ce compliment de la vôtre.

M. de Bretignolles ne répliqua point.

Il salua son beau-père et sa belle-mère, et se retira avec sa femme.

Ce bout de conversation fait connaître Charles. Il sortait en effet de Sainte-Barbe, d'où il rapportait les idées du jour. Peut-être ne les avait-il prises que par mode; mais les ayant une fois adoptées, il était de son caractère de ne s'en point départir.

Sa sœur Julie lui ressemblait beaucoup sous ce rapport. Aimant son mari avec passion, elle avait épousé les opinions qu'il professait, et la suite de ce récit fera voir si elle sut y rester fidèle.

Nous avons trop à parler de Laurentine pour lui donner une simple mention à la fin d'un chapitre; nous lui en consacrerons un spécialement, et ce ne sera pas lui prêter plus d'importance qu'elle ne doit en avoir.

IV.

Laurentine.

La plus jeune des deux filles de M. du Bard était une personne singulière, réunissant en elle des qualités et des défauts qui semblaient ne pas pouvoir se rencontrer dans un même individu. Un tempérament très-développé, une grande ardeur de sang, et des habitudes nonchalantes; peu d'esprit et beaucoup d'imagination, point de sensibilité et une âme aimante, hardie comme un homme en de certaines occasions, timide comme la jeune fille la plus faible en quelques autres, aimant les arts sans les comprendre, curieuse de parure, coquette même et fuyant la société, ayant des prétentions à la beauté et une aversion profonde et sincère pour la fade galanterie et la banale admiration des hommes; du reste, belle, grande, très-bien faite, mais gauche et sans grâce dans la démarche; une magnifique voix de contralto sujette à se voiler; de beaux yeux bleus dont le regard avait quelque chose d'étrange; des sourcils noirs très-mobiles et une longue et soyeuse chevelure blonde : voilà ce

CHAPITRE IV.

qu'était au physique et au moral cet être bizarre que ses actions feront connaître par des contrastes plus étonnans encore que ceux qu'on a pu remarquer dans cette imparfaite peinture.

Son entretien avec Rabillé a sans doute fait comprendre qu'un homme inconnu occupait sa pensée, et qu'en s'informant d'une sœur, c'était surtout d'un frère qu'elle désirait avoir des nouvelles. Voici d'où cela venait : il y avait eu la veille une fête de famille chez le marquis de La Roche-Saint-André, son parrain; elle y avait été invitée, ainsi que les autres habitans du Bard. Un jeune homme d'un château voisin était venu dans la soirée avec sa sœur; bien fait, d'une taille élevée, remarquable par la vivacité de son regard, l'élégance de ses manières, le goût exquis de sa toilette et le timbre flatteur de sa voix, il n'avait pas tardé à attirer l'attention de toute la société; il la soutint sans désavantage; sa conversation fut pétillante d'esprit et de gaîté; il chanta l'air de Grétry : *O Richard! O mon roi!* avec l'expression la plus noble et la plus passionnée, et il ne se distingua pas moins à la danse qu'il n'avait fait au clavecin. A ce dernier exercice, il parut infatigable : il est vrai de dire qu'il ne visa pas à un effet de saltimbanque ; ce ne fut ni par des pas de théâtre, ni par de ridicules tours de force qu'il se signala, tous ses moyens furent simples: le naturel, la grâce, la décence. Il s'élevait peu ; mais il semblait ne point peser sur le parquet ; ses bras, tantôt arrondis avec souplesse pour servir d'appui à sa danseuse, tantôt abandonnés le long de son corps,

CHAPITRE IV. 47

sans former de parallèles désagréables, ne donnaient jamais, dans leurs poses diverses, l'idée d'une étude laborieuse et pénible. Le seul art qui se faisait sentir en lui, c'était l'absence, le dédain ou l'oubli de tout art.

Laurentine fut charmée ; cette aisance de l'action et du maintien, cette grâce sans apprêt était ce qui lui plaisait le plus dans un homme. Elle se trouva une fois en face de lui, et deux autres fois il fut son cavalier. Généralement elle dansait assez bien ; ce jour-là elle se surpassa, et partagea avec le bel inconnu l'admiration de l'assemblée.

Fut-elle sensible à ce succès inattendu ? Céda-t-elle à une surprise des sens, à une fatalité ? Chacun en jugera d'après ce qu'il sait ou ce qu'il croit savoir du cœur des jeunes filles ; toujours est-il que cette soirée décida de sa vie, et que, les circonstances aidant, cette vie fut la plus extraordinaire et la plus misérable que jamais personne de son sexe ait eue à déplorer.

Le premier symptôme de l'espèce de sentiment qu'elle éprouva fut la mystérieuse retenue qu'elle mit à s'informer du jeune homme. Elle brûlait de savoir ce qu'il était : elle n'osa le demander ; il semblait qu'en en parlant elle craignît déjà de trahir un secret. L'idée d'aller par la sœur à une enquête sur le frère ne lui vint même pas; ce moyen ne se présenta à son esprit que dans son entretien avec le mari de Françoise ; et nous avons vu qu'il n'aboutit à rien.

Le lecteur impatient nous saurait

CHAPITRE IV.

peut-être mauvais gré de ne lui révéler ce mystère qu'en suivant l'ordre des événemens qui le firent connaître à Laurentine; nous allons l'en instruire ici.

Cet inconnu était François-Athanase Charette, chevalier de la Contrie.

Il ne songeait guère alors à la célébrité qu'il a obtenue depuis. Simple lieutenant de vaisseau, il était sans activité, et habitait une petite terre nommée la Fonte-Clause, à deux lieues de Machecoul. Le plus ardent de ses apologistes, Le Bouvier-des-Mortiers, en parle ainsi : « Parvenu à cet âge aimable, mais dangereux, où l'existence abonde, et donne malgré nous à des penchans nouveaux une direction qui influe sur le bonheur ou le malheur de la vie, Charette sentit vivement le besoin d'aimer, disons mieux, de calmer le tumulte de ses sens. Plus ardent que sensible, il aima les femmes beaucoup pour lui, fort peu pour elles. Toujours vaincu, jamais soumis, il se livrait aux emportemens de sa passion sans plier son âme à la domination caressante et quelquefois perfide d'une maîtresse. » Ce qui signifie en langage d'historien véridique que c'était un voluptueux sans mœurs et sans foi.

Tel était l'homme que l'imprudente et malheureuse Laurentine distingua entre tous les autres.

En revenant de chez le marquis de La Roche-St-André, elle ne prit aucune part à la conversation de ses parens. Livrée à une préoccupation, à un sentiment qui ne lui laissait aucune liberté d'esprit, elle n'avait ni la force,

CHAPITRE IV.

ni la volonté de s'en distraire. L'air du dernier quadrille où elle avait figuré avec l'inconnu, lui revenait incessamment à la mémoire. Elle le fredonnait malgré elle, et berçait son imagination à sa molle cadence. Assise dans le fond de la voiture, favorisée par la profonde obscurité de la nuit, elle se plongeait délicieusement dans une rêverie inaccoutumée. Qu'il a d'esprit! songeait-elle; que sa voix est mâle et sonore! c'est l'instrument le plus mélodieux que j'aie encore entendu. Son regard est à la fois doux et fier; sa démarche est imposante; sa taille svelte et son action franche et animée. Il est brave, il est généreux : cela se sent dans ses manières les plus indifférentes. Il n'est pas marié, sans doute: il ne paraît pas avoir vingt-quatre ans. Oh! que celle qui aura le bonheur d'être sa femme!...

Cette réflexion que, comme toutes les précédentes, elle fit plusieurs fois pendant la route, excita toujours en elle un trouble nouveau, et demeura toujours sans complément.

Enfin, arrivée chez elle, elle passa le reste de cette nuit sans dormir, ne songeant qu'au bel inconnu. Le lendemain, elle joua toute la journée du clavecin, tantôt l'air de *Richard*, et tantôt la contredanse qui, comme un gage fatal, était restée dans sa mémoire.

Elle fut obligée de prendre part à la fête qui eut lieu le soir dans la famille; et l'on sait comme cette fête se termina.

V.

Scènes nocturnes.

Quand Rabillé eût quitté le Bard, escorté par M. Guesdon et le frère Magloire, après la petite discusion qui eut lieu à son sujet entre Charles et M. de Bretignolles, Laurentine, à l'exemple de toutes les personnes de sa famille, se retira chez elle. Elle ne se mit pas immédiatement au lit : elle s'assit devant sa cheminée, prit un livre et ordonna à sa femme-de-chambre de la laisser. Elle ne lut pas, elle tisonna, et, sans s'en apercevoir, fit un si grand feu, qu'elle ne tarda pas à en être incommodée. Rabillé nous a appris que la nuit était belle et le temps très-doux pour la saison. Elle ouvrit sa fenêtre, et se mit à respirer l'air calme et pur, et à contempler le riche éclat du ciel. Elle ne savait ni physique, ni astronomie; elle n'avait pas les mêmes raisons qu'un savant pour sentir tout son néant en présence de l'inconcevable puissance du Créateur : elle fut émue néanmoins, et la sublimité de ce spectacle jeta son âme dans l'abîme des méditations accablantes pour l'intelli-

CHAPITRE V.

gence humaine, comme l'infini et l'éternité!

Elle fut arrachée à ces grandes et poétiques pensées par un bruit confus de voix qui se faisaient entendre du côté de la forêt. Elle prêta l'oreille, et recueillit, au milieu d'un amas de sons inarticulés, quelques accens qui la firent tressaillir. Elle devint plus attentive : le bruit se rapprocha, et lui fut plus facile à distinguer. On se querellait, on se menaçait. Il y eut un long et effroyable cliquetis d'épées; puis un homme poussa un grand cri, et tout cessa. Les pas précipités de plusieurs personnes qui parurent bientôt prendre la fuite, troublèrent encore un moment le silence de ces lieux solitaires ; mais ils se perdirent peu d'instans après dans l'éloignement; et, sans l'impression profonde que fit sur Laurentine le cri qui avait semblé être le dernier terme de la contention, il ne parut pas que rien fût demeuré sous ce beau ciel d'une scène si extraordinaire.

Mais cette voix avait pénétré jusqu'au fond de son cœur; elle avait cru la reconnaître; elle avait cru entendre, avec un accent beaucoup plus déchirant, un de ces sons pleins et émanés de l'âme, qui avaient prêté, la veille, tant d'expression à la belle musique de Grétry. Se trompait-elle ? N'y avait-il que ressemblance, ou, dans sa préoccupation, se faisait-elle illusion à elle-même ? Elle pouvait mourir dix fois de l'inquiétude que ces doutes cruels lui faisaient souffrir, avant de les résoudre par des raisons ou des suppo-

CHAPITRE V.

sitions satisfaisantes. Elle prit un parti bien digne du caractère que nous avons annoncé. Il y avait déjà long-temps que tout dormait dans la maison ; les chiens seuls faisaient le guet, et ces fidèles animaux la connaissaient. Elle descendit dans la cour, ouvrit doucement la petite porte, où, par négligence, la clé restait toujours dans la serrure, et se mit en quête. Il faut ajouter qu'elle avait trouvé un des chiens, et qu'elle s'en était fait suivre. Cet animal, qu'on nommait Pluton, était d'une force prodigieuse, très-farouche avec les étrangers, mais plein de douceur et de docilité à l'égard de ses maîtres. Elle avait passé un doigt dans l'anneau du collier garni de pointes qu'il portait autour du cou comme arme défensive, et le contraignait, par le seul effet de cette faible puissance, à ne marcher que du même pas qu'elle. Ils avançaient doucement dans l'obscurité, car la lune avait disparu : Pluton, la queue et les oreilles dressées, le nez fortement dilaté, et faisant voir par ses regards fréquemment tournés vers sa maîtresse, qu'il se sentait glorieux d'être mis de moitié par elle dans une entreprise mystérieuse. Tout à coup il s'arrête, arcboutant son corps sur ses deux énormes pattes de devant, et baissant sa croupe musculeuse sur celles de derrière, de façon à s'élancer de toute sa force s'il en était besoin. En même-temps il fait entendre un rugissement sourd, averti par un brusque mouvement de la main qui le conduisait, de ne point rendre sa voix plus éclatante. Laurentine imite d'ailleurs l'exemple que vient de lui donner son intelligent compagnon : elle s'arrête,

CHAPITRE V.

et interroge le silence et l'obscurité. Un gémissement vient bientôt frapper son oreille. Elle s'avance vers le point d'où il est parti, prête à succomber à la violence de son émotion. Pluton est toujours sur une défensive hostile, aussi disposé à donner l'attaque à l'ennemi, qu'à recevoir son agression. Enfin, l'un et l'autre se trouvent si rapprochés de l'objet de leur recherche, que le bruit d'aucun de ses mouvemens ne leur échappe. Pluton devient beaucoup plus difficile à contenir. Sa voix, roulant en éclats brefs et précipités, commence à passer des tons graves à des notes plus aiguës et plus propres à servir d'expression à sa colère. Laurentine parvient encore à l'apaiser. Alors elle se hasarde à troubler elle-même le lugubre silence qui l'environne. — Qui est là ? demande-t-elle avec crainte et saisissement.

— Venez-vous pour me secourir.... ou pour achever.... de m'assassiner ? lui répond une voix accidentellement affaiblie, mais qu'elle reconnaît pour celle qu'elle a entendue la veille avec tant de plaisir.

— Pour vous secourir, pour vous secourir ! s'écrie Laurentine. Et elle ajoute aussitôt, sans calculer la portée de ses paroles : — Je ne m'étais donc pas trompée ! c'était un avertissement du ciel. Oh ! que j'ai bien fait de n'y pas résister !

Soit qu'il partageât sympathiquement les sentimens de sa maîtresse, soit qu'un ennemi dans un état si déplorable ne lui parût pas digne de sa colère,

CHAPITRE V. 61

Pluton devint paisible et doux, et cessa d'inquiéter Laurentine dans l'accomplissement de ses soins.

Elle s'approcha du chevalier (que nous savons qu'elle ne connaissait pas encore), et le trouva étendu sur le bord d'un fossé, et noyé dans son sang. Elle l'aida à se relever. — Mon Dieu! s'écria-t-elle, que de sang vous avez perdu en si peu de temps! Votre blessure est donc bien profonde?

—Elle est là, répondit-il, en mettant la main sur sa poitrine, là... mortelle... probablement.

— Oh! non, non! espérons-le; espérons que de prompts secours...

— Où en trouver? éloigné comme je le suis... et de ma demeure... et de toute... habitation.

— Il y en a une près d'ici. Appuyez-vous sur moi : tâchons de l'atteindre. Aucun des soins que réclame votre état ne vous y manquera.

— C'est... une femme !... une femme qui me parle. Vous êtes... mon ange tutélaire. Mais... votre voix... ne m'est pas connue : à qui donc... suis-je redevable ?...

— Ne parlez pas. La perte de votre sang vous a ôté vos forces. Réservez ce qu'il vous en reste pour gagner l'asyle dont vous avez un si grand besoin.

— Mais... où... me conduisez-vous?

Il eût été parfaitement inutile de lui répondre. En prononçant ces mots, il s'affaissa sur ses genoux, et tomba la face contre terre, entièrement privé de sentiment.

CHAPITRE V.

Bon ton, bon goût, convenance, décence, tout ce qui constitue la politesse, et répand tant de charmes sur les relations sociales, sont des lois qu'on n'observe souvent qu'au grand jour, et que dans la solitude et l'obscurité, il arrive à beaucoup de personnes d'enfreindre avec assez peu de scrupule. Exposée à être vue par des yeux humains, Laurentine, malgré tout l'intérêt qu'elle portait à cet homme, l'eût abandonné à son état, ou du moins ne lui eût cherché que des secours étrangers. Dieu seul la voyait; elle n'obéit qu'à l'inspiration de son cœur et à l'étiquette de la nécessité. Dieu ne réprouve que ce qui fait violence aux sentimens qu'il a mis en nous. Elle était forte et courageuse, elle n'hésita pas une minute : elle prit le blessé entre ses bras, et le transporta en quelques momens à la grande porte de la maison, où elle le déposa avec précaution. Elle gagna, sans perdre de temps, celle par laquelle elle était sortie, et qu'elle avait eu le soin prévoyant de ne pas fermer. Pluton la suivit, et rentra avec elle, lui adressant ces regards de contentement et d'intimité qui doivent être d'usage entre des complices.

Sa combinaison, quelque peu compliquée, eut tout le succès qu'elle en pouvait attendre. Armée d'un crochet qu'elle prit dans un endroit où elle était sûre d'avance de le trouver, elle tira fortement la sonnette, et se retira aussitôt dans sa chambre. Elle ne doutait pas que ce qu'elle venait de faire ne dût avoir un résultat immédiat. En effet, les chiens, Pluton lui-même, se mirent à aboyer. Les domestiques, les maîtres, tout le monde se leva : les uns descendirent dans la cour ; les autres se contentèrent de mettre la tête à leur fenêtre : Laurentine ne fut pas de ceux-là.

Le jardinier, qui avec sa femme occupait une chambre basse, fut le premier sur pied. Il se dirigea sans lumière vers la porte, en demandant qui sonnait à pareille heure, et ce qu'on voulait. Il renouvela deux fois cette question, et, ne recevant pas de réponse, se montrait peu disposé à ouvrir. Ce sentiment paraissait être celui des autres domestiques qui, après l'aventure de Rabillé, encore présente à leur imagination, craignaient peut-être la visite de quelque être surnaturel. Cependant M. du Bard parut, tenant un flambeau à la main; il ordonna que la porte fût ouverte. Le jardinier se mit en devoir d'obéir; mais il voulut se faire suivre par les chiens. Laurentine croyait bien ne rien avoir à craindre de Pluton; elle n'avait pas la même confiance dans l'autre qui était plus terrible encore. —Voulez-vous, s'écria-t-elle, exposer celui... ou ceux qui vont se présenter à être dévorés ? Deux bouviers vigoureux retinrent ces animaux par leurs colliers; et le jardinier ayant tiré les verrous et fait tourner la clef dans la serrure, amena à lui le guichet pratiqué dans un des battans de la porte. Rien ne parut derrière que les épaisses ténèbres de la nuit rendues visibles par leur contraste avec la lumière répandue dans la cour. Les domestiques furent effrayés. Le jardinier se tournant vers M. du Bard :

CHAPITRE V.

—Il n'y a personne, lui dit-il d'une voix tremblante.

— Fermez la porte. C'est quelque passant qui a trouvé plaisant de nous donner cette petite alarme.

— Ah! mon père, s'écria Laurentine, en lui prenant le flambeau des mains, il faut voir....

— Quoi, ma fille?

— Que sais-je? si c'était.... quelqu'un qui eût besoin de nos secours....

— Ce quelqu'un se présenterait, se ferait entendre....

Elle ne s'arrêta pas à écouter ce vain raisonnement; elle s'élança dehors, et son père la suivit. Il la trouva saisie d'étonnement et de frayeur.

— Il n'y a personne, personne ! s'écria-t-elle.

En effet, celui qu'elle avait amené avec tant de risques et de témérité, ne se trouva pas à l'endroit où elle l'avait déposé. Elle fit quelques pas, porta ses regards aussi loin qu'ils purent plonger dans l'obscurité : elle n'aperçut rien. Son père lui ordonna de rentrer ; elle fut contrainte d'obéir : et il la reconduisit jusqu'à sa chambre, où elle passa le reste de la nuit, en proie aux plus poignantes inquiétudes.

VI.

Le Sabotier d'Esenay.

Nous allons laisser Laurentine à des tourmens qu'elle s'est attirés, et nous occuper d'autres faits qui ne sont pas moins de notre sujet.

Depuis la suppression des douanes

intérieures et de toutes ces exactions du fisc que l'Empire a fait renaître, et que nous ont si religieusement conservées deux restaurations légitimes et une royauté qui se pique de ne l'être pas, la profession de contrebandier était devenue mauvaise. Deux hommes célèbres dans le Morbihan, les frères Chuin ou Chouin, qui avaient long-temps exercé cette périlleuse profession sur les limites de la Bretagne et des provinces circonvoisines, firent un grand crime à la révolution française de leur ôter ainsi leur pain. Ils se mirent à faire le métier de voleurs de grands chemins, qui a beaucoup d'analogie avec celui de contrebandiers; et ils s'attirèrent les persécutions qui en sont, de tous temps, la conséquence naturelle. Un certain nombre de leurs confrères s'étaient réunis à eux et étaient comme leurs soldats. Bientôt le nombre de ces soldats s'accrut par le recrutement successif d'une multitude de mauvais sujets, de réfractaires aux lois sur l'armée, et de gentilshommes mécontens du nouvel ordre de choses. Voilà l'origine des chouans. Il ne s'agit d'abord que de piller les caisses et les propriétés de l'État; ce à quoi il était naturel d'ajouter les propriétés des patriotes, en étendant ce sobriquet de patriote à tout ce qui se trouvait dans une auberge ou dans une diligence, nanti de quelques effets de valeur, surtout d'espèces monnayées. Bientôt un gentilhomme, qui avait plus d'intrigue que les autres, et un intrigant qui n'était pas gentilhomme, mais qui se faisait appeler monsieur le comte (1), vinrent

---

(1) Cormatin.

donner une direction à ce que les fondateurs avaient fait. Nous avons vu quelque chose d'à peu près semblable après les trois journées de juillet. *Sic vos non vobis!* disait le poëte. Et la rebellion des frères Chuin devint une entreprise monarchique et religieuse.

On comprend comment monarchique ; voici à quel propos religieuse.

Le décret qui obligeait les prêtres, ainsi que les autres citoyens, à prêter serment d'obéissance et de fidélité aux lois, déclarait en même temps déchus de leurs fonctions ceux qui s'y refuseraient, et réservait au Gouvernement le droit fort légitime de leur donner des successeurs. Monseigneur Sébastien-Michel Amelot, évêque de Vannes, ayant déclaré par mandement ne point adhérer au décret, il fut pourvu

CHAPITRE VI.

à son remplacement par une ordonnance royale. Mais quand son successeur voulut prendre possession du siége, ce fut là qu'on vit tout ce qu'étaient les chouans. Ils marchèrent sur Vannes au nombre de plus de quatre mille, battirent la garde nationale et une centaine d'hommes de troupes de ligne, et menacèrent de mettre le feu aux quatre coins de la ville, si l'on ne leur rendait leur évêque et le libre exercice de la religion catholique.

Il ne se trouvait là personne qui eût caractère pour leur répondre; on les laissa maîtres de la place : mais comme ils n'étaient pas en force pour la garder, après avoir pillé quelques caves et quelques armoires, ils se retirèrent, chacun retournant à sa vie et à son séjour habituels.

Un homme qui figurera dans notre histoire fut témoin de cette échauffourée. C'était un sabotier d'Esenay, nommé Joly, père du jeune homme qui devait être parrain, avec Laurentine, de l'enfant de Rabillé. Les affaires de son commerce l'avaient appelé à Vannes. Nous avons dit qu'il avait servi, et que même il avait été revêtu du grade de sous-officier. Il touchait à sa quarante-huitième année. C'était un homme robuste, de haute stature, d'un caractère très-énergique et facile à exalter. Il avait de la probité, peu de lumières, et s'était fait de l'honneur l'idée absolue et romanesque qu'en prend communément le soldat dans le commerce de ses pareils. Les habitudes militaires avaient donné à son corps une roideur qui se retrouvait également dans ses discours et dans son esprit. Son regard

CHAPITRE VI.

était fixe et austère, sa parole brève et sentencieuse ; et ses vertus, ses vices, ses préjugés, portaient l'empreinte d'une aveugle et inflexible opiniâtreté. Toutefois, dans ce qui ne le touchait point personnellement, on pouvait le trouver indécis et lent à prendre une résolution : ce fut ce qui lui arriva après avoir assisté à l'équipée de Vannes.

En revenant à pied au lieu de son domicile, il eut à peu près le soliloque suivant, dont nous ne faisons que rapprocher les parties séparées par les mille et un accidens de la route : rencontre d'amis, rencontre de bouchons à cidre, etc, etc.

« Voilà de l'occupation pour les gens de justice, et même pour l'assemblée de Paris; car, qu'une diligence soit arrêtée, la maréchaussée peut en faire son affaire; ça ne suppose toujours que quelques bandits à mettre à l'ombre; mais une ville, mais du monde en assez grande quantité pour la prendre!...

» On se rabattra sur les meneurs, comme quand un régiment se mutine. Ce qui fait, en général, que ce sont les bons qui pâtissent pour les mauvais; car ceux qui se mettent en avant valent toujours quelque chose, et ceux qui, après les avoir poussés, se retirent... canaille!

» Mais que diable demandaient-ils? un évêque plutôt qu'un autre : est-ce que ça les regarde? Bonnes gens! qui ne peuvent pas faire un compte de six sous sans l'assistance d'un homme d'étude, et qui vont risquer de se faire

CHAPITRE VI.

briser les os pour une affaire aussi creuse que celle-là! la messe est toujours la messe, et quand on y va de bonne foi...

» Ce sont les damnées femmes qui mettent toute cette levure-là dans la pâte. Les curés leur montent aisément la tête, et par contre-coup, les hommes sont assez nigauds pour s'échauffer.

» Au bout du compte, pourquoi ne laisse-t-on pas les prêtres tranquilles? On les chicane; ils se rebiffent, c'est juste. Ils ont toujours raison dans la chaire à prêcher... et dans le confessionnal, c'est encore bien pire. L'assemblée n'a pas été adroite vis-à-vis d'eux; c'est dommage, car on dit qu'elle veut d'assez bonnes choses, cette assemblée. Elle abolit les nobles... c'est bon, ça. A quoi ça sert-il des nobles? à faire des officiers? Mais est-ce que nous ne pourrions pas l'être aussi, nous autres? Il est vrai que ça serait les intrigans de parmi nous qui le deviendraient... comme ils deviennent syndics et municipaux, etc, etc.

» Quand on songe que je ne suis pas de la municipalité d'Esenay, moi!

» J'aime mieux obéir à un noble qui a un nom, un château, des terres, qu'à un vilain comme moi, qui ne s'élève aux grades que par de mauvaises menées. Quand je songe comment Jean Claveau est devenu municipal!... Certainement je préférerais voir à sa place un comte ou un marquis. Un marquis... on peut se ranger pour qu'il passe... Mais Jean Claveau n'est qu'un cabaleur. S'il arrive jamais quelque chose à Esenay comme à Vannes...

CHAPITRE VI.

il est bien sûr que je lui tiens une poire de garde en réserve dans le fond de mon bissac.

» Patience! »

Il arriva chez lui, l'esprit dans cette fermentation : ne blâmant les prêtres ni ne les excusant; n'en voulant point à la révolution qui proscrivait les nobles; l'ayant aimée probablement, si, par ses principes, il fût devenu quelque chose dans sa commune, mais peu disposé en sa faveur dès qu'elle n'avait servi qu'à l'élévation de son compétiteur. Cette disposition se trouvait dans la plupart des communes de France; des circonstances particulières la rendirent plus funeste qu'ailleurs dans la contrée qu'habitait Joly.

Il trouva sa famille en grand émoi.

C'était ce jour-là même que Rabillé était venu s'assurer chez eux d'un compère pour une des demoiselles du Bard : on attendait sa réponse. Elle n'arriva que le lendemain matin, qui était un dimanche, et ce fut le frère Magloire qui l'apporta.

Nous savons qu'elle était affirmative.

Madame Joly fut transportée de joie. Son mari sut contenir l'expression de la sienne; mais son cœur en crevait. On alla emprunter un bidet chez le voisin Jean Claveau, et l'on eut grand soin de lui dire que c'était pour aller faire à Montaigu les emplettes de dragées, de gants blancs, etc, que nécessitait l'illustre compérage dont on était honoré. « M. du Bard était écuyer, chevalier de Saint-Louis; madame du Bard était une de La Jarne; la commère appartenait donc à la noblesse. »

— Noblesse, répondit le municipal, il n'y en a plus. D'ailleurs, belle noblesse que celle de ces gens-là! je les connais. Mon père a été attaché dans sa jeunesse au père de M. du Bard.

— En qualité de valet d'écurie, n'est-ce pas?

— En qualité de valet d'écurie ou d'autre chose, n'importe. Ce père était marchand, simple marchand.

—Riche pourtant, puisqu'il avait des chevaux et des valets pour en avoir soin.

— Riche n'est pas noble. Il se nommait Guesdon.

— Le fils a un nom de fief.

— Un nom de métairie qu'il s'est donné lui-même; j'en pourrais faire autant si je voulais.

— Un officier municipal de la nation : ça serait beau.

— Non, mais c'est seulement pour dire. Au reste, mon cheval a fait hier une longue course, il est fatigué; je ne peux pas le prêter aujourd'hui : il faut qu'il se repose.

— Je ne vous le demandais pas pour rien.

— Je ne loue pas mon cheval; je le prête à mes amis quand ils en ont besoin.

— Adieu, je vas donc demander ce petit service à quelque autre.

Le fils Joly se procura en effet un

CHAPITRE VI.

cheval ailleurs; et une demi-heure après il sortit du village au grand galop.

Le baptême devait avoir lieu le lendemain à Vieille-Vigne.

Pendant ces préparatifs, les autres membres de la famille Joly avaient offert à déjeûner au frère Magloire; et, en procédant à ce modeste repas, il leur raconta le miracle dont Rabillé avait été témoin la veille. Il avait vu un géant haut de cent coudées, qui lui avait annoncé la destruction du pays par le fer, par le feu et par l'eau, si l'on y souffrait le renversement de la foi catholique et le ministère impur des intrus et des schismatiques.

Joly raconta ce qu'il venait de voir à Vannes.

— O mon bon frère! s'écria le lazariste, voilà des hommes, des chrétiens; voilà un bel exemple à suivre! J'apporte, ajouta-t-il, une lettre pastorale de monseigneur l'évêque de Luçon. Il serait honteux qu'elle fût reçue ici avec moins de zèle que ne l'a été celle du pasteur de Vannes par les brebis du Morbihan.

— Quelles brebis, mon frère! répondit Joly en lui versant un grand verre de poiré mousseux; si vous les aviez vus à la besogne! je vous réponds que les municipaux n'ont pas eu beau jeu. Au reste, je ne sais comment sera reçue à Esenay la lettre de notre évêque; mais si elle donne lieu à du mouvement, c'est sur les municipaux qu'il faut d'abord tomber.

— Comment, mon frère, vous doutez de l'effet de ce gémissement d'un

CHAPITRE VI. 85

saint évêque! O temps! ô malheureuse Sion! Est-ce que vous ne sentez pas un zèle pieux s'allumer en vous?

— Oui, certainement, répliqua Joly, en remettant sur la table sa large coupe de grès qu'il venait de vider tout d'un trait; oui, je sens un zèle pieux s'allumer en moi. Mais que suis-je, moi, ici? J'étais sergent dans Aunis, mille tonnerres de D...! Excusez, mon frère.

— Il n'y a pas de mal : un jurement pour la cause de Dieu n'est pas un blasphème. Vous étiez sergent dans Aunis: eh bien?..

— Eh bien! je ne suis même pas caporal ici; je ne suis même pas simple grenadier ; je suis pionnier, nom de D...! mulet de bât.

— Il est certain que c'est humiliant, s'écria la femme de Joly, qui ne parlait guère quand son mari était présent, mais qui se doutait bien qu'en cette circonstance sa réflexion ne serait pas mal reçue.

— Paix, Suzon! lui dit-il d'un ton de douceur inaccoutumé. Humiliant n'est pas le mot; je ne suis pas humilié pour ça ; je méprise toute la clique des gredins de patriotes, et je fais cas de leurs suffrages comme d'eux-mêmes. Mais quand un homme n'a pas la parole, il doit se taire et faire le mort... jusqu'à nouvel ordre.

— Vous avez la parole, mon très-cher frère, au moins parmi ceux qui pensent comme vous des choses actuelles. Il faut exciter leur ardeur, leur raconter ce que vous avez vu à

Vannes. Il ne vous est permis de négliger aucun moyen dans une circonstance où il s'agit de l'intérêt de Dieu et de la sainte vierge Marie ; (toute la famille se signa à l'exemple du frère) où il s'agit de la perte ou du salut des âmes, et pour l'éternité !

— Je ferai ce qui dépendra de moi... Mais un fusil ne porte pas comme une pièce de quarante-huit, et on ne tire pas une paire de sabots d'un parement de cotret. Un homme ne peut... que ce qu'il peut.

— Mais tout ce qu'il peut, il le doit. Pendant que vous parlerez à vos amis, votre digne femme peut raconter à ses voisines... à quiconque voudra l'entendre, l'histoire du géant du Gralar. Ceci est pour éclairer les esprits ; et le ciel ne fait pas des miracles pour qu'ils restent inconnus.

— Oh ! dit Suzon, vous pouvez compter sur moi. Un grand géant tout en feu, qui a dit que les patriotes étaient damnés, et que pour faire son salut il fallait les chasser et les exterminer de partout.

— C'est bien. Il a dit aussi qu'il fallait continuer de payer des dîmes, comme fit Abraham au prêtre de Dieu Melchisédech, et qu'on pouvait, jusqu'à nouvel ordre, se dispenser de verser les impôts entre les mains des collecteurs de deniers publics, car, en les payant, on rendrait à Satan ce qui était dû à César.

La cloche de l'église annonça la grand'messe. Le frère Magloire se hâta

CHAPITRE VI.

de quitter ses hôtes, pour aller remplir auprès du curé la mission dont l'avaient chargé ses supérieurs.

VII.

Le Baptême.

Le mandement de monseigneur l'évêque de Luçon fut lu après le prône par le frère Magloire, qui l'augmenta de quelques mots de commentaire, afin que son auditoire en comprît

CHAPITRE VII.

mieux le sens profond et caché. Il parla ensuite vaguement des miracles par lesquels le ciel se manifestait ; et la femme de Joly raconta autour d'elle ce qu'elle savait du géant de la forêt du Gralar. Il résulta de cela une ferveur de fanatisme qu'il n'y eut qu'à entretenir et fomenter adroitement, jusqu'au moment où il importerait qu'elle fît explosion : ce que nous verrons plus tard.

Sylvain, ainsi se nommait le fils aîné de Joly, revint de bonne heure de Montaigu. Il avait fait de la dépense. C'était un grand et beau garçon, qui était dans sa dix-huitième année, qui avait toutes les bonnes qualités de son père, peu de ses vices, et aucun de ses ridicules.

Rabillé vint le prendre le lendemain

de bonne heure, et il le conduisit en carriole au Bard, où il le présenta. En route, Sylvain lui fit raconter son histoire du Gralar, qu'il trouva un peu différente de celle qu'il avait entendue à Esenay, mais à laquelle il ne crut pas moins pour cela.

« Il est arrivé bien pire, lui dit le petit homme en baissant la voix, et en traînant lugubrement ses paroles : le chevalier de la Contrie, cousin de M. de la Colinière, de Rennes, a été enlevé, au même endroit que moi, par une femme blanche et un chien noir plus gros qu'un cheval. Ils l'ont déposé à la porte du Bard, et là ils ont disparu tous les deux en s'enfonçant dans la terre. On ne sait ce qui serait arrivé du pauvre jeune homme, qui est pourtant militaire, officier de marine : il avait

CHAPITRE VII.

perdu connaissance comme moi. Heureusement son vieux valet-de-chambre, Joseph, une de mes pratiques, l'avait suivi. Il est venu le prendre aussitôt sur son dos, et, récitant son *Pater* et son *Ave*, en recommençant sans intervalles aussitôt qu'il avait fini, il est parvenu à se traîner avec lui jusqu'à la Coupechanière, où il l'a mis entre les mains du curé. Le pauvre garçon y est encore, ayant toutes les peines du monde à se remettre. On dit que l'esprit lui a fait une marque sur le corps, au beau milieu de l'estomac... qu'il n'y a rien de plus horrible à voir. »

On arriva au Bard. Sylvain fit pour la forme sa soumission à monsieur et à madame Guesdon; puis il offrit ses présens à mademoiselle Laurentine qui les accepta ; et, après une légère collation, on partit pour Vieille-Vigne.

Monsieur et madame du Bard se mirent de la partie jusqu'à la Coupechanière, où Laurentine devait venir les rejoindre après le repas du baptême. Les maîtres de la maison, le parrain et la marraine montèrent dans le carrosse de service du Bard, et Rabillé reprit sa place dans sa carriole, où la femme-de-chambre de Laurentine monta avec lui.

On parla peu dans la voiture aristocratique. Sylvain était timide; il éprouvait tout l'embarras d'une situation inaccoutumée : ce n'était pas à lui à engager l'entretien. Laurentine, qui eût pu en être empêchée par la présence de ce jeune homme inconnu, ce qui est puissant sur toute femme, de quel-

CHAPITRE VII.

que caractère qu'elle soit; Laurentine était en outre trop préoccupée pour se livrer d'elle-même à la distraction. D'un autre côté, les maîtres du Bard avaient, par prévision ou par pressentiment, beaucoup de noir dans l'esprit; et naturellement M. du Bard était trop abstrait et trop taciturne, pour faire volontiers cette frivole et inutile dépense de paroles qu'on nomme conversation. Sur une réflexion triste que fit sa femme à propos des affaires du jour :

— Qu'y pouvons-nous ? dit-il. La royauté a engagé une lutte où elle s'expose à périr, quand elle ne devait que reconnaître une nécessité, et l'accepter de bonne grâce.

— Mais le droit ?

— Le droit de qui ?

— De la royauté.

— Ma chère amie, est-ce que vous comprenez un droit qui n'a pas pour lui la force, ou mieux, qui ne soit pas du côté de la force? Quand un voleur de grand chemin, plus robuste, mieux armé que moi, vient m'enlever ma bourse, je me retire devant les tribunaux qui sont plus robustes encore et mieux armés que lui; ils lui prouvent que le droit est de mon côté; et pour l'en convaincre ils le pendent. Ma bourse m'appartenait en vertu d'une convention qu'il plaisait au brigand de ne plus reconnaître; et la société, qui reposait sur cette convention, pouvait l'abolir; elle n'avait qu'à le déclarer: elle en est toujours la maîtresse en vertu de sa force qui est son droit, ou de son droit qui n'est autre chose que sa force. Mais elle ne l'avait pas fait. Le brigand était insensé d'agir dans cette

CHAPITRE VII.

supposition : *on le lui fit bien voir.* Or, dites-moi un peu où se trouve le tribunal qui jugera entre le peuple fort et la royauté faible, et qui changera ces deux positions pour maintenir le droit où il est, et la force où elle a cessé d'être ?

— Mais n'avons-nous pas les armées ?

— Elles passent du côté du peuple.

— N'avons-nous pas les émigrés ?

— Ne me parlez pas de ceux-là qui ont tout commencé, et qui maintenant veulent détruire leur ouvrage. S'ils avaient le droit alors, ils ne l'ont pas aujourd'hui ; s'ils l'ont aujourd'hui, il ne l'avaient pas alors. Les inconséquens sont de mauvais juges.

— Il y a les puissances étrangères.

Oh! que dites-vous! savez-vous bien que si par leur secours on ne rentre pas dans le droit, on tombe dans le crime. Voyez-vous, la société marche, elle marche toujours : c'est dans la nature de toutes choses ici-bas. La gouverner, c'est se porter en avant pour découvrir les précipices et les lui faire éviter. On peut l'engager en des routes obliques, et il est des temps d'obscurité où elle les suit en paix par le seul sentiment du progrès qui est son instinct, qui est sa vie. Savez-vous ce qu'on prétend aujourd'hui? L'arrêter, la faire rétrograder; et elle ne marche plus, elle court; elle court en aveugle, précipitant devant elle tout ce qui lui fait obstacle. La royauté est comme soutenue, entraînée dans ce mouvement: mais bientôt elle sera foulée

CHAPITRE VII.

aux pieds, car pour qu'elle reprenne sa place, il est trop tard.

—Il adviendra donc de grands malheurs!

—Oui; mais qui sait le moyen de les empêcher?

On arriva à la Coupechanière où monsieur et madame du Bard descendirent. La femme-de-chambre les remplaça dans le carrosse, et Rabillé demeura seul dans la carriole qu'il conduisit. Par le chemin il avait raconté à mademoiselle Marie l'aventure surprenante du chevalier de la Contrie; celle-ci en avait poussé de grandes exclamations, et avait ajouté, par forme de complément, que la cloche du Bard avait été agitée extraordinairement; qu'en effet on n'avait trouvé personne à la porte, et que depuis cet instant fatal mademoiselle Laurentine était tombée dans une mélancolie atrabilaire qui la rendait fort difficile à servir.

Ce fut un événement à Vieille-Vigne que l'entrée de ces parrains en berline. L'accouchée remercia beaucoup celle qu'elle nommait sa jeune maîtresse de l'honneur qu'elle daignait lui faire. La famille Joly n'avait pas usé de la même discrétion que celle du Bard. Le père, la mère et les deux frères de Sylvain, sans songer au surcroît de dépense que leur présence causerait au pauvre barbier, se trouvèrent chez lui à l'arrivée de leur fils et de sa commère. La sage-femme était là aussi, en habits tirés du fond du coffre. On fit la toilette du nouveau-né qui était bien portant, et dans les traits duquel Rabillé prétendait reconnaître les siens. Laurentine profita de cet instant pour glisser quelques louis, dans une jolie bourse, sous le chevet de l'accouchée; et enfin l'on partit. Le joueur de violon, nommé *Six-Sous*, attendait le cortége à la porte pour le conduire à l'église, et l'en ramener selon l'usage, ce à quoi il se garda de manquer. Cet homme n'était pas du pays: on ne savait ni en quel lieu il faisait sa résidence, ni même s'il en avait une. Mais aucune solennité n'avait lieu, dans un rayon de dix ou douze lieues, sans qu'il y jouât son personnage; c'est-à-dire sans qu'il y jouât du violon. Quelques pièces de monnaie, quelque part dérobée au festin, formaient tout son salaire. Du reste, comme il exerçait toujours son talent avant d'en avoir reçu la rétribution, on n'était jamais en droit de dire qu'il n'en eût pas donné pour l'argent.

L'enfant fut nommé Laurent-Sylvain : le jeune Joly pria Laurentine de permettre qu'il en fût ainsi. Elle y donna son consentement, sans avoir l'air de comprendre que ce fût une sorte d'hommage qui lui était rendu. Elle se montra fort distraite pendant la cérémonie. Sylvain ne le fut pas moins; mais aux regards qu'il attachait sur elle, et à ceux dont elle l'honorait, un observateur un peu exercé eût pu prononcer que leurs distractions n'étaient pas les effets d'une même cause.

On revint à la maison de l'accouchée, et le repas eut lieu. Tout s'y passa convenablement. Si la préoccupation de Laurentine l'y suivit, elle ne parut en aucune circonstance être le

CHAPITRE VII.

fruit du dédain, ni de l'impolitesse. Elle répondit obligeamment à toutes les prévenances de son compère, et deux ou trois fois même de façon à le rendre confus.

Le vin qui fut bu à ce repas était bon : il avait été envoyé du Bard. Rabillé se grisait aisément, et, malgré les recommandations de Françoise, il commençait à passer un peu les limites où la présence de la jeune marraine devait le retenir. Le curé survint. C'était un vieillard sévère, imposant : son aspect remit les choses dans leur équilibre. La conversation, qui tournait à la gaîté, redevint grave. L'histoire de la forêt du Gralar fut remise sur le tapis; et Laurentine, à qui cela rendit toute son attention, put apprécier l'habileté du vieux prêtre et la sotte crédulité de ceux qui se laissaient facilement endoctriner par lui. Elle entreprit d'expliquer les faits, et de leur rendre leurs causes naturelles. Rabillé était déjà un peu échauffé en arrivant au Bard; elle s'en était aperçue. On lui avait fait boire deux ou trois grands verres de vin qui n'avaient pas dû contribuer à calmer ses esprits. L'ombre qu'il avait vue était probablement celle d'un homme qui méditait quelque action pour laquelle il ne voulait pas de témoin. Quant au géant grand comme un arbre, qu'il ne vit que pendant le trouble d'un étourdissement...

A l'exception de Sylvain qui ne l'avait pas encore entendu parler si long-temps, et qui paraissait s'enivrer à la douceur de sa prononciation et à la suavité de sa voix, tous les convives l'écoutèrent avec une défaveur marquée. Mais au mot d'étourdissement, Rabillé perdant tout respect :

— C'est faux, c'est faux! s'écria-t-il; je n'étais pas étourdi! Si tout le monde ici se mettait à danser en rond autour de moi, on ne pourrait pas dire que je serais étourdi parce que je m'en apercevrais...

—Non, mais si, dans l'état où nous sommes, chacun de nous paisiblement assis à cette table, vous alliez vous mettre en tête que nous dansons que devraient conclure ceux à qui vous entreprendriez de le persuader?

— C'est juste! s'écria Sylvain.

—Paix, garçon! lui fit son père, en lui lançant un regard d'autorité.

— Voilà une drôle de raison! répliqua le barbier. Si je me mettais en tête que des gens assis dansent, je serais un imbécile. Mais ce n'est pas des gens assis que j'ai vus ; c'est des arbres, c'est la terre, c'est les étoiles et la lune; et il me semble que c'est un peu différent.

Laurentine ne répondit pas; elle tourna ses regards du côté de Sylvain, qui put remarquer sur ses lèvres un sourire qu'elle sut rendre imperceptible pour tous les autres.

Rabillé continua :

— Quant à ce qui est d'être gris, dit-il, ce n'était pas une chopine que j'avais bue aux Brousils, ni deux ou trois verres de vin à la table de monsieur votre père, qui pouvaient m'avoir brouillé l'entendement. J'ai prouvé en mainte et mainte occasion qu'il m'en fallait un peu plus que ça. Ce que j'ai vu, je l'ai bien vu, et je le soutiendrais la tête sur le billot.

— D'ailleurs, ce qu'on raconte du marquis de la Contrie... ajouta madame Joly....

— Chevalier, interrompit son mari, c'est un chevalier, et non pas un marquis.

— Enfin n'importe, chevalier ou marquis, ce n'est pas un Monsieur à se griser, puisque c'est un noble.

L'ironie qui éclatait dans tous les traits de Laurentine depuis le commencement de cet entretien s'en effaça tout-à-fait, et fit place à une expression de curiosité inquiète que Sylvain remarqua avec beaucoup de sagacité, mais dont il ne put deviner la cause.

Rabillé prit encore la parole.

— Mademoiselle, dit-il, pourra savoir les choses par elle-même, puisque le jeune gentilhomme est encore au presbytère de la Coupechanière, où son valet-de-chambre l'a porté.

— Chez mon oncle?

— Oui, Mademoiselle.

Alors le superstitieux barbier entra dans le détail du chien noir, de la femme blanche, etc.; et Laurentine ne rit plus, malgré les muettes provocations que lui adressa Sylvain.

— Monsieur votre oncle nous éclaircira tout ceci, dit le curé de Vieille-Vigne; mais, en attendant, Mademoiselle, la transgression de ce que nous nommons les lois constantes de la nature, ne doit jamais paraître incroyable

CHAPITRE VII.

à un esprit sage; l'histoire de tous les temps est là pour empêcher qu'on en doute; et celui qui a eu le pouvoir de les faire, ces lois, ne peut-il pas aussi les suspendre quand il lui plaît?

Laurentine demanda l'heure : elle trouva qu'il était tard. On remit les chevaux au carrosse, et quelques momens après elle fut sur le chemin de la Coupechanière, accompagnée de tous les convives qui ne voulurent pas la laisser partir dans la compagnie de sa seule femme-de-chambre, et qui, d'un autre côté, n'étaient peut-être pas fâchés de savoir à quoi s'en tenir sur la femme blanche et le chien noir du chevalier de la Contrie, puisqu'il s'en présentait une si belle occasion.

VIII.

Eclaircissement.

Sur une éminence voisine de la forêt du Gralar, on voyait, avant les guerres qui ont désolé ce malheureux canton, une jolie maison de plaisance appartenant au comte du Ch..., lieute-

CHAPITRE VIII.

nant-général de la marine à la division de Rochefort. On ne saurait se figurer un séjour plus délicieux. Cependant les maîtres y venaient rarement. Ils s'y trouvaient depuis quelque temps pour des raisons qu'on ne tardera pas à connaître. La famille du Ch... se composait du père, de la mère et de trois enfans, deux garçons et une fille. Cette fille était mariée depuis un an à un vieux gentilhomme qui avait de riches propriétés dans le Bocage, et se nommait le marquis d'Ar***.

Mademoiselle du Ch... avait été élevée à Paris par une sœur de sa mère, qui, selon toutes les apparences, ne lui avait pas donné de ses devoirs des notions bien solides. Elle eut depuis son mariage quelques occasions de voir le chevalier de la Contrie; elle contracta avec lui une liaison, qui au fond pouvait n'avoir rien de coupable, selon qu'elle le prétendait, mais qui le paraissait, et, par cela seul, était répréhensible. Les médisans en firent l'objet de leurs discours, et quelques amis, bien ou mal intentionnés, en donnèrent avis à la famille du Ch.... La marquise ne se rendant pas aux conseils prudens que ses parens se bornèrent à lui donner dans le commencement, ceux-ci la surveillèrent, et rendirent presque impossibles ses entrevues avec le chevalier. Mais leurs soins furent bientôt inutiles. Toutes les nuits, quand le temps le permettait, madame d'Ar*** se dérobait doucement de sa chambre, et, d'une fenêtre des combles de la maison, donnait, avec une lumière, un signal convenu entre elle et le chevalier. Celui-ci, qui se tenait à l'entrée

CHAPITRE VIII.

de la forêt, se rendait aussitôt à une petite porte pratiquée dans un des murs du jardin; on la lui ouvrait, et la jeune marquise et lui s'oubliaient quelquefois jusqu'au jour. Cette imprudence les fit enfin découvrir par un des frères de madame d'Ar***. Ce jeune homme ne dit rien ; mais un soir, accompagné de son frère et de deux domestiques dont il sut s'assurer la discrétion, il fut attendre le chevalier dans la forêt, et, l'ayant rencontré, le contraignit à se battre.

On sait quelle fut l'issue de ce duel. Le jeune de la Contrie se faisait souvent accompagner par son valet-de-chambre qu'il faisait demeurer à quelque distance en arrière et hors de la vue du signal. Cet homme ayant entendu du bruit, se hâta d'approcher.

Il arriva trop tard. Vieux, né dans ce pays de superstitions, et s'en étant rarement éloigné, il est possible qu'il crût une partie de ce qu'il raconta touchant cette aventure : en tout cas, nous avons vu que son récit obtenait assez de crédit sur les esprits de son étage. Si les prêtres de la contrée aidèrent à répandre cette fable, ce n'est peut-être pas qu'ils y crussent ; mais il n'était nullement contraire à leurs intérêts et à l'esprit de domination naturel à leur caste, que leurs ouailles y ajoutassent foi. Avant peu de temps donc, ce fut un fait hors de doute dans tout le doyenné, qu'un esprit habitait la forêt du Gralar, et qu'il menaçait le pays des plus grands malheurs, si l'on y souffrait qu'il fût porté atteinte à la religion dans la personne et dans les droits des ecclésiastiques.

CHAPITRE VIII.

Les jeunes du Ch... et leurs domestiques ne jugèrent pas à propos de rompre le silence ; pour le chevalier de la Contrie, il se prêta de la meilleure grâce du monde à laisser croire de lui ce qu'on voulut : il riait bien un peu quand on lui parlait de son enlèvement ; mais il n'allait jamais jusqu'à scandaliser ses auditeurs. La famille du Ch... quitta bientôt le pays, et il fut obligé d'ajourner les projets de vengeance qu'il avait formés contre ceux qu'il regardait comme ses assassins.

Laurentine, à qui une seconde édition de cette histoire fut offerte chez son oncle, ne dit pas non plus ce qu'elle savait ; seulement elle comprit que dans ce qu'elle ne savait pas ; il y avait quelque chose de curieux dont elle désira vivement être instruite.

Elle ne put voir le chevalier : il avait une grosse fièvre, et le chirurgien avait prescrit un silence rigoureux. Mais dans la soirée mademoiselle Hélène de la Contrie, que le valet-de-chambre Joseph avait été prévenir à la Fonte-Clause, arriva chez M. Guesdon. Son frère paraissait reposer; elle ne resta dans sa chambre qu'un instant, et revint bientôt rejoindre la compagnie. Elle reconnut Laurentine pour l'avoir vue au bal chez le marquis de La Roche-Saint-André; et, soit à cause de l'intérêt que cette jeune fille lui témoigna, soit par un tout autre mouvement sympathique que le lecteur comprendra peut-être, quand ces deux demoiselles se séparèrent, elles étaient intimes.

Laurentine éprouva le lendemain un très-vif sentiment d'affection pour son

CHAPITRE VIII.

filleul; elle demanda à l'aller voir, et on le lui permit, en lui donnant son frère pour compagnon de voyage. On pense qu'au retour elle ne négligea pas de faire une petite visite à son bon oncle de la Coupechanière. La petite visite dura jusqu'au soir, et elle vit mademoiselle Hélène, ainsi que l'intéressant blessé. Le premier appareil avait été levé, et le chirurgien répondait de tirer son malade d'affaire en peu de jours.

Charles, qui ne s'était amusé que fort médiocrement, ramena sa sœur enchantée de la journée qu'elle avait passée avec lui.

Le lendemain, elle fut un peu moins gaie : elle n'osa pas demander à sortir de la maison; et l'on n'eut au Bard d'autre visite que celle de Sylvain et de son père, qu'on reçut avec une politesse froide, pour leur faire sentir que le compérage n'était pas un titre à une certaine familiarité.

On vit le jour d'ensuite mademoiselle Hélène. Le chevalier était entièrement hors de danger, et le docteur ne demandait décidément que quelques jours. On la retint à dîner. Laurentine, en attendant, l'emmena à sa chambre, et lui fit de la musique. Elle apprit que la blessure du chevalier consistait en un grand coup d'épée qu'il avait reçu à travers la poitrine, mais qui n'intéressait aucun organe noble.

— S'il y a du miracle là-dedans, ajouta-t-elle en riant, c'est qu'il en soit quitte pour si peu.

— Mais, mon Dieu! demanda Lau-

CHAPITRE VIII.

rentine, en ayant soin de ne donner à sa curiosité qu'un air d'intérêt, et en masquant même cet intérêt d'un faux vernis d'indifférence, comment cela est-il arrivé à monsieur votre frère, dans un pays aussi tranquille que celui-ci ? Est-ce un duel ? est-ce un assassinat ?

— Je ne puis vous en rien dire, car je n'ai fait à ce sujet aucune question au chevalier... Il est un peu vif, mon cher frère, un peu... jeune homme.

— Que présumez-vous donc ?..

— Rien, vous dis-je : je ne suis en état de former aucune conjecture. Mais s'il me met dans sa confidence... je vous mettrai dans la mienne... à condition cependant que vous serez plus discrète que moi,

Laurentine promit tout. Son frère et elle reconduisirent mademoiselle Hélène après dîner. Elle ne vit pas encore le chevalier; mais elle respira le même air que lui: elle ne craignit pas de parler de lui dans un lieu où l'on ne s'occupait que de lui; et quiconque n'a pas réduit sa vie aux purs actes matériels, comprendra que ce pouvait être quelque chose.

Le rétablissement du jeune malade s'effectuant de jour en jour, il fut bientôt en état d'être transporté chez lui. Cela se fit un matin avec grand appareil. Une charrette démontée, bien garnie de matelas et de couvertures, fut transformée en litière. On y plaça le chevalier, et douze vigoureux paysans prirent ce fardeau sur leurs épaules. Plus de quatre cents autres les accompagnaient pour les relever en route; un nombre considérable de vieillards, de femmes et d'enfans, suivaient ce cortége le chapelet à la main, et en récitant des prières. La cloche de l'église sonna, et le chevalier aperçut deux missionnaires auprès de ses porteurs. Il connaissait le pays; il savait qu'il n'y avait point à plaisanter avec ce qui se passait. Il prit sur-le-champ son parti : il demanda qu'on voulût bien lui donner aussi un chapelet, et se mit à prier tout haut avec l'assistance, qui ne sut par quelles bénédictions montrer à quel point elle était édifiée et ravie. Mademoiselle Hélène, Joseph, firent comme lui par un véritable esprit de religion. Les deux missionnaires pleuraient de joie.

Le temps qui, malgré la saison, avait

été magnifique depuis plusieurs jours, changea tout à coup. Il tomba une grosse neige qui fondait en tombant, et rendit en peu d'instans les chemins impraticables; personne ne retourna en arrière. On se reposait dans l'église de chaque village que l'on traversait; et cela donnait lieu à un redoublement de piété soigneusement fomenté par les missionnaires.

On arriva à la chute du jour, et le château de la Fonte-Clause reçut cette multitude. Elle eut beaucoup de peine à s'y abriter. On lui livra toute les provisions; mais on ne peut pas dire cependant que cela lui fit rompre le jeûne. Le jeûne était un complément si naturel à cette dévotion, que personne ne songea même à se plaindre.

CHAPITRE VIII.

Un seul homme trouva moyen de s'enivrer : ce fut le jouer de violon Six-Sous.

IX.

Demande de mariage.

Il y avait à peine six mois que ceci était passé, et depuis cinq le chevalier ne se ressentait plus de sa blessure. Par une belle matinée de juin, Laurentine entra chez lui, chez lui en propres

CHAPITRE IX.

termes, dans sa chambre à coucher, où il était encore au lit. Elle avait le regard enflammé, les lèvres tremblantes et la voix rauque.

— M. de la Contrie, lui dit-elle, je vous connais : vous êtes un lâche, un de ces êtres vils et dégradés qui, à je ne sais quelle époque de notre histoire, se glorifiaient de ce qui les couvrait d'infamie, se nommaient des hommes à bonnes fortunes.

— Moi ?

— Vous. Vous m'avez fait un honteux mensonge sur votre duel. La famille du Ch..., disiez-vous, était venue habiter sa maison de la forêt, pour y tenir plus secrètement les conciliabules dans lesquels s'organisait la coalition des gentilshommes Poitevins.

— Ceci est l'exacte vérité. Prenez donc la peine de vous asseoir. Le comte s'était assuré du régiment de Provence qui tenait garnison à La Rochelle ; on en avait un autre à Poitiers. L'esprit de nos paysans bien préparés par nous et par nos courageux ecclésiastiques qui ont refusé le serment...

— Fort bien ! recommencez-moi toute cette histoire dont je n'ai que faire, dont je ne vous parle pas ! Quelle raison m'avez-vous donnée de votre combat avec le jeune du Ch...? Celle d'une dissidence d'opinions...

— Certainement : nous ne pensions pas de la même manière sur un certain chapitre...

— Chevalier !... quittez ce ton de persifflage. Je ne viens pas ici en femme

CHAPITRE IX.

jalouse, en maîtresse abandonnée, faire entendre d'inutiles plaintes et subir des outrages mérités. Je fus une fois faible, une seule fois ; j'oubliai une fois mon honneur que j'avais mis sous la sauve-garde du vôtre. La promesse solennelle de me prendre pour votre femme... Vous frémissez, je crois ! Ne détourne pas la tête, chevalier de la Contrie : supporte mon regard ; je supporte bien le tien. Vous m'avez promis que je serais votre femme... et je la serai : ce n'est pas pour vous rappeler une parole dont vous ne pouvez plus perdre le souvenir, que vous me voyez ici, dans cette chambre, auprès de ce lit. Je ne vous aime plus, je ne vous estime plus... je ne serai plus jamais à vous...

Ici la voix de la jeune fille s'éleva

par l'effet de la contrainte qu'elle s'imposa pour ne pas sangloter; ses larmes s'ouvrirent brusquement passage, et tombèrent abondamment le long de ses joues, sans que sa physionomie perdît rien du grand caractère dont elle portait l'empreinte au commencement de cette scène violente; et elle continua :

— Vous n'êtes pas digne d'une honnête femme ; mais je ne dois pas être à un autre homme ; mais je ne veux pas rester une fille déshonorée : je porterai votre nom; et c'est tout ce qu'il y aura de commun entre nous.

Elle devint calme tout à coup, et s'assit.

— Vous avez eu une intrigue avec madame d'Ar***, continua-t-elle, et

CHAPITRE IX.

cette intrigue, vous vous efforcez de la renouer! Ce n'est pas cela qui me chagrine; mais cela m'a dévoilé que je m'étais abandonnée à un homme méprisable; et c'est ce qui m'a fait répandre les larmes que vous venez de voir couler. Ce sont les dernières : mes yeux n'en verseront plus. Vous avez un nom, de la fortune, une réputation que vous avez eu l'adresse de vous faire, et l'inconcevable bonheur de conserver; mes parens se trouveront honorés de vous nommer leur gendre. Présentez-vous donc hardiment devant eux, et fiez-vous à moi du reste. Vous songez peut-être à ne me pas tenir votre parole... Vous en êtes capable. Ne soyez pas si mal avisé. Il ne me resterait qu'à me venger; et le sacrifice de moi-même me serait doux, si vous ne me laissiez que ce moyen pour y parvenir.

Elle remit tranquillement sa chaise à l'endroit où elle l'avait prise, et se retira avec un visage où il eût été impossible de retrouver le plus léger indice des emportemens auxquels elle venait de se livrer.

—C'est ma folle de sœur qui est cause de tout cela, se dit le jeune homme à lui-même. Elle a su qu'il m'était arrivé une lettre de madame d'Ar*** et que j'y avais répondu... Son intempérie de langue... C'est ma faute aussi : pourquoi ai-je été lui parler de ce duel ! Elle m'a assassiné de questions... Après tout, qu'est-ce que cela me fait ? Voilà la glace rompue : tant mieux ! il fallait bien que cela arrivât tôt ou tard.

CHAPITRE IX.

Il appela son valet-de-chambre, s'habilla et partit pour la chasse.

A peu de jours de là on reçut au Bard une visite qui n'eut lieu de surprendre que médiocrement par elle-même, mais beaucoup par le motif qui y donnait lieu. Joly, en toilette recherchée : habit carré de ratine, veste de basin, culotte de camelot et bas de coton à côtes, vint demander à parler en particulier à M. du Bard. Celui-ci le fit passer dans son cabinet.

— Me voici prêt à vous entendre, Joly : qu'y a-t-il ? que puis-je pour votre service ?

— Je vais vous le dire en deux mots, et vous me répondrez comme il vous conviendra. Mais promettez-moi que ma rondeur ne nous rendra pas moins bons amis.

— Je vous le promets.

— Entre hommes, à ce qu'il me semble, la franchise doit être la base de tout.

— C'est ce qu'il me semble aussi. Expliquez-vous donc.

—Moi, voyez-vous, mon cher M. du Bard, pardon de la liberté, j'ai le cœur sur la main.

— Moi de même. Or donc?...

— A quoi servent les cérémonies, les façons, les détours? Ne vaut-il pas cent fois mieux en venir tout d'un coup au fait avec simplicité et assurance, surtout quand on est bien certain de n'avoir pas de mauvaises intentions?

— Je pense tout-à-fait comme vous.

CHAPITRE IX.

Sortez donc de ce préambule, et parlez, je vous en prie.

— M. du Bard... j'habite la campagne ; mais je ne suis pas tout-à-fait un paysan. Je suis marchand, fabricant ; j'ai du bien par ici, et il vient de m'en arriver plus du double, par héritage, du côté de Bordeaux, où je suis né. J'avais trois garçons ; il ne m'en reste que deux, puisque je viens d'avoir le malheur de perdre mon cadet... un jeune homme qui aurait été loin... Enfin, n'y pensons plus. Je suis à mon aise ; mes deux enfans auront ce que je possède, et je suis même disposé à faire quelque chose en faveur de l'aîné pour rendre plus facile ce que je viens vous proposer. Vous voyez déjà, peut-être, où j'en veux venir.

— Non.

— Ah! Je poursuis donc. Je suis dans l'intention de quitter mon commerce de sabots, et de me faire chirurgien ou horloger.

— Vous avez donc étudié la mécanique et la chirurgie?

— Non; mais je n'avais pas appris non plus à faire des sabots. J'en ai vu faire étant soldat, et j'ai tout d'abord su le métier. En montant et démontant, par curiosité, la première montre que j'ai possédée, j'ai appris à connaître l'agencement et le jeu des différentes pièces qui la composaient; et, depuis, jamais horloger n'a touché à aucune de celles que j'ai eues. Et, au régiment comme à Esenay, c'était sur moi que tout le monde venait se régler. Quant à ce qui est de la chirurgie, j'ai été six mois à l'hôpital, et je vous réponds que j'en ai appris tout ce qu'il m'en faut pour mon usage et celui de mes amis. Je me sens capable de tout ce que peut un homme enfin. Je n'en tire pas vanité ; mais le ciel m'a fait comme ça.

— Vous lui devez de grandes actions de grâces; cette diversité de talens, il l'accorde à bien peu. Mais pourquoi quitter ce que l'on fait bien, ce à quoi l'on réussit, et rechercher en autre chose des succès incertains ?

Je crois que je ne réussirais pas moins à ce que je dis : je me trompe peut-être, mais je le crois ; et je voudrais faire quelque chose d'un peu plus honorable que mon métier de sabotier.

— Tout ce que l'on fait honnêtement est assez honorable.

— Le pensez-vous comme vous le dites?

— Comme je le dis.

— Eh bien! vous me mettez d'autant plus à mon aise. Sachez donc que Sylvain, l'aîné de mes garçons, celui qui a eu l'honneur de tenir l'enfant de Rabillé avec mademoiselle Laurentine... Aidez-moi donc un peu.

— A quoi?

— A en finir. Vous restez froid; ça ne m'annonce rien de bon : n'importe. Sachez donc que mon fils est amoureux de mademoiselle votre fille, et qu'il s'est laissé mettre en tête que vous ne la lui refuseriez pas pour femme. Vous voilà rouge, blanc, violet! vous avez le drapeau tricolore sur la figure. Il ne faut pas vous faire violence. Si la chose ne vous convient pas, dites tout bonnement non. Je me doutais bien que nous n'étions pas assez nobles pour vous.

M. du Bard se leva, fit deux ou trois tours par la chambre avec un air d'anxiété; après quoi, revenant à Joly qui s'était levé aussi, mais qui n'avait pas quitté sa place, il lui prit la main :

— Mon cher Joly, lui dit-il, je ne suis pas plus noble que vous ne l'êtes, et je n'ai jamais cherché à faire penser le contraire. Mais vous savez que les déterminations d'un père de famille ne partent pas toutes de sa volonté propre et intime. Je vous demande deux jours pour vous répondre.

— Comme il vous plaira. Mais je

prévois, j'en ai peur, ce que vous répondrez. Je vous assure du reste que dans ma famille il ne se prend de détermination que par moi, et que quand j'ai décidé une chose, il faut que tout le monde s'y soumette. Adieu, M. Guesdon. J'attendrai un mot de vous. Toutefois, ne vous mettez pas l'esprit à la torture pour me l'écrire : dans le cas où un refus vous embarrasserait, votre silence en tiendra lieu. Mais écoutez une réflexion qui ne doit pas avoir moins de valeur dans ma bouche que dans celle de tout autre. Nous vivons dans un temps où il n'est peut-être pas prudent de trop faire les renchéris. Les nobles ne sont pas parvenus à s'entendre : ils partent pour l'étranger; Dieu sait quand ils reviendront. Les braves gens qui ne sauront pas s'unir

CHAPITRE IX.

entre eux finiront peut-être par s'en repentir.

M. du Bard ne répondit rien : il reconduisit très-poliment Joly jusqu'à la grande porte, et lui promit de lui faire réponse sous deux jours.

Il parla à sa femme de la proposition qu'elle trouva fort déplacée : il fut convenu qu'on n'en dirait rien à Laurentine; et le lendemain Joly fut instruit qu'on n'agréait pas sa demande.

Deux jours étaient à peine écoulés que Françoise vint au Bard avec son enfant que Laurentine négligeait un peu. La jeune demoiselle la fit venir dans sa chambre. Elle en sortait peu depuis sa visite à la Fonte-Clause. Quand la femme de Rabillé se vit seule avec elle, elle tira mystérieusement une lettre de sa poche et la lui présenta.

— J'ai bien peur, lui dit-elle, que mademoiselle ne trouve que j'ai mal fait de me charger de cette commission ; mais on m'a priée avec tant d'instance, que je n'ai pas eu la force de refuser. Je sais d'ailleurs que ce ne sont que des excuses bien respectueuses, et qui ne sont pas pour faire de la peine à Mademoiselle.

Laurentine prit la lettre en tremblant. Elle ne savait rien de la démarche de Joly ; sa première pensée fut que le message venait de Charette. Elle rompit le cachet, et fut bien étonnée de lire la signature de Sylvain Joly.

« Mademoiselle, disait le pauvre jeune homme, je vous prie de vouloir bien me pardonner la démarche que mon père a faite auprès de votre respectable famille. Je ne puis dire que j'y suis resté étranger, puisque si, par hasard, elle avait réussi, je serais aujourd'hui le plus heureux des hommes, comme j'en suis le plus malheureux. J'aurais dû me trouver assez honoré et assez satisfait de ce qu'il y avait entre nous; mais ce n'est pas par orgueil que j'ai désiré un plus grand rapprochement. Aussi vrai que Dieu est notre maître à tous, Mademoiselle, je me serais trouvé ce que vous êtes et vous ce que je suis, j'aurais formé les mêmes vœux dans mon cœur, et je me serais jeté aux genoux de mon père pour le prier de faire la même démarche, attachant le même prix, ni plus ni moins, à la réussite de la chose. Mais cette fois-ci ce n'est pas moi qui l'y ai engagé; au contraire, j'ai été sur le point de le prier d'ajourner : je n'en ai pas eu le courage, et c'est là ma faute. J'en suis bien puni, rien que par l'inquiétude de ne plus vous voir me traiter avec la bonne grâce dont vous m'honoriez auparavant. Ne me la retirez pas, Mademoiselle, et soyez assez bonne pour croire qu'il n'y a plus dans mon esprit une seule pensée que vous puissiez regarder comme une offense. Hélas! il n'y en avait jamais eu : ce que je sentais, je le sentais, parce qu'on n'est pas le maître qu'il en soit autrement; mais c'était tout, comme je vous promets, sur mon salut, que ce sera encore tout à l'avenir. »

— Mais de quelle démarche parle-t-il donc? demanda Laurentine en s'interrompant. En vérité, je ne conçois rien à ce galimatias.

CHAPITRE IX.

—Quoi! Mademoiselle ne sait pas?.. Je ne devrais pas le lui dire en ce cas.

—Mais alors il ne fallait pas m'apporter cette lettre.

— C'est vrai : voilà comme une première imprudence est la première patenôtre d'un chapelet. Vous saurez donc que M. Joly le père est venu ici avant-hier, et qu'il a demandé votre main pour son fils.

Laurentine devint pourpre. Par manière de maintien elle reporta ses yeux sur la lettre, et lut ce qui suit :

« C'est monsieur le chevalier de la Contrie à qui mon père faisait des plaisanteries sur notre compérage et sur ce qu'il nommait mon amour, quoique jamais ce mot-là ne soit sorti de ma bouche, c'est lui, dis-je, qui a conseillé à mon père de s'adresser au vôtre... »

— Scélérat! s'écria Laurentine en s'interrompant de nouveau. Puis se levant et froissant la lettre entre ses mains: Je te remercie, dit-elle à Françoise; tu me rends un plus grand service que tu ne penses. Laisse-moi.

— Et le pauvre Sylvain, Mademoiselle, qu'est-ce que je lui répondrai?

— Tout ce que tu voudras... que je lui pardonne... que je ne lui en veux pas... et qu'un honnête homme nous fait toujours honneur quand il nous suppose assez de mérite pour croire qu'il serait heureux avec vous. Va, encore une fois laisse-moi.

Quand Françoise fut sortie, elle se

mit à écrire : elle fit un simple billet ; mais il fallait qu'elle y traitât de choses bien importantes, car elle le recommença vingt fois. Enfin, satisfaite probablement de la dernière rédaction, elle le plia avec précaution, le ferma avec un simple pain à cacheter, sur lequel pour toute empreinte elle appuya son pouce.

Au moment où Françoise s'en alla, elle la tira à l'écart, et lui remettant le billet :

— Tiens, lui dit-elle, tu diras à ton mari de porter cela aujourd'hui même à la poste de Montaigu, et surtout qu'il prenne bien garde de l'égarer.

X.

La Messe dans les bois.

Le billet de Laurentine était un cartel qu'elle adressait, sous le nom de son frère, au chevalier de la Contrie. Elle lui indiquait le lieu même où elle l'avait trouvé gisant. C'était également à la chute du jour qu'elle fixait

CHAPITRE X.

l'heure du rendez-vous, et pour arme, elle prenait le pistolet.

Elle s'était assuré les moyens d'exécuter ce projet insensé que tout d'ailleurs semblait favoriser. Sa sœur, madame de Bretignolles, dont le mari était absent pour son service auprès du roi, ressentait les premières douleurs de l'enfantement, et il n'y avait d'attentions au Bard pour personne que pour elle.

Le matin du jour choisi pour cette belle expédition, on annonça à Charles la visite d'un gentilhomme qu'il ne connaissait pas : c'était le vicomte de la Merlatière, d'une ancienne famille du pays, actuellement établie près de Savenay. Il était parent de Charette, et se trouvait depuis quelques jours au château de la Fonte-Clause.

Sa personne était toute ridicule, ses manières gauches et précieuses, et son ton haut et important. Il portait sous le bras un énorme rouleau de papier arrêté dans sa longueur par deux baguettes dorées.

— Monsieur, demanda-t-il au jeune homme, après l'avoir salué d'une légère inclinaison de tête, c'est bien vous qui êtes M. Charles Guesdon du Bard ?

— Oui, Monsieur.

— Vous êtes bien jeune.

— Je touche à ma dix-septième année.

— Cela peut s'expliquer jusqu'à un certain point... Enfin, Monsieur, l'âge ne fait rien à l'affaire, quand on se sent couler de bon sang dans les veines, et qu'on a assez de force dans l'index pour faire marcher le déclin d'un pistolet. Êtes-vous gentilhomme, Monsieur ?

— Monsieur, à quel propos me faites-vous cette question ?

— Tenez, répondit le vicomte en déroulant son papier sur une table, jetez, je vous prie, un coup-d'œil là-dessus : c'est l'arbre généalogique d'une famille à laquelle j'ai l'honneur d'appartenir. Voyez-vous le chef, la souche, le tronc de cet arbre ?

— Fort bien, Monsieur.

— Lisez, Monsieur, lisez, je vous prie : *Galéas Caretto, marquis de Final*. Il suivit à la guerre de la Terre-Sainte Philippe-Auguste, roi de

France, et Richard-Cœur-de-Lion, roi d'Angleterre. Voyez après lui : *Perrot Caretto*. Celui-ci, qui était son fils, vint s'établir en Bretagne au commencement de l'an 1240. Il épousa, ainsi que vous le voyez, *Jeanne du Bois de La Salle*, demoiselle d'honneur d'*Alix*, duchesse de Bretagne, et Pierre de Dreux, dit Mauclerc, lui donna la terre noble et le fief de Trévignet, situé dans l'évêché de Saint-Malo. Voyez tous les autres honorés des faveurs de leurs souverains, et en recevant toujours des titres, des terres, des qualifications et des pensions. Remarquez un peu l'écusson de notre maison, mon cher Monsieur. Il porte aux premier et quatrième de gueule, en cinq bandes d'or, qui est de Caretto ou Charette ; aux troisième et deuxième, de Trévignet, qui est d'ar-

CHAPITRE X.

gent à trois merlettes de sable : première et deuxième, membrées, huppées, becquées de gueule, avec un lion de sable debout, armé et lampassé de gueule, chargé d'un lambet de gueule pour les branches cadettes. Celui-là est le mien : mon lion est chargé d'un lambet de gueule.

— Tout ceci est fort beau sans doute, Monsieur; mais j'ai le malheur de n'y comprendre rien.

— Tant pis pour vous, Monsieur. On dit cependant que madame votre mère est de bonne maison.

— Mon père aussi, Monsieur le vicomte.

— Ses ancêtres faisaient le négoce, je crois ?

— Oui : il est d'une bonne maison...

de commerce. S'il avait eu la vanité de faire dresser un arbre généalogique, on n'y verrait peut-être pas qu'aucun des siens ait jamais eu l'honneur de rien coûter à l'État ; mais ce qu'on y verrait bien certainement, c'est qu'ils lui ont été utiles par leur activité et leur industrie.

— Vous êtes de ceux qui pensent que la noblesse n'est rien.

— Moins que rien, Monsieur le vicomte, pire que rien ; car ceux qui s'amusent sérieusement de ce jouet, me paraissent plus insensés que l'enfant, qui du moins a bientôt fini du sien, quand une fois il a reconnu ce que c'est.

— Quel est donc, Monsieur, le point d'honneur qui vous a fait appeler en duel un brave gentilhomme ?

CHAPITRE X.

— Je ne sais, Monsieur, ce que vous voulez dire.

— Comment, Monsieur, vous n'avez pas envoyé un cartel à M. le chevalier de la Contrie, mon parent?

— Je vous en donne ma parole, et vous pouvez y croire, comme si tous les aïeux de ma mère étaient reconnus pour les miens.

— Jetez donc les yeux sur cette lettre.

A ces mots, le vicomte présenta à Charles le billet de Laurentine. Le jeune homme reconnut l'écriture de sa sœur ; mais il eut la prudence de n'en rien faire paraître.

— J'aurai, dit-il, l'honneur de voir demain M. de la Contrie, et nous nous expliquerons ensemble.

— Vous ne le verrez pas, Monsieur, car il est parti pour Rennes, où il se marie aujourd'hui, et je venais pour vous répondre à sa place. Je suis charmé de voir que la chose ne soit pas sérieuse.

— Il est possible qu'elle le devienne, Monsieur; je n'en sais encore rien. Il faut que je voie quelqu'un... En tout cas, ce n'est pas à vous que je pourrais avoir affaire.

— Ni à moi, ni à mon parent ; et c'est ce que je venais vous dire. Vous pouvez penser de la noblesse tout ce que bon vous semble; mais nous pensons, nous autres, qu'un noble homme se dégrade quand il se mesure avec un roturier.

Cette impertinence n'était pas lâchée, que Charles, en véritable échappé de collége, y avait répondu par le soufflet le mieux appliqué qui jamais ait résonné sur une joue de noble ou de roturier. Le vicomte furieux se précipita sur lui, pour lui faire sentir la pesanteur de ses poings. Mais il avait au moins trente ans; et s'il avait jamais été habile dans l'art de se gourmer, il ne pouvait plus l'être autant qu'un jeune homme qui portait encore sur ses habits la poussière de l'Université. Charles le saisit à la cravate; et si l'on n'était promptement accouru au bruit, le pauvre M. de la Merlatière eût pu savoir ce que c'était que la mort par strangulation.

Laurentine fut la première personne qui arriva; M. du Bard et quelques domestiques parurent bientôt.

En voyant son père, Charles lâcha

le vicomte. Et comme on demandait de quoi il était question :

— Laissez, dit-il, laissez sortir Monsieur ; il a tout ce qu'il mérite.

On fit en effet place au vicomte, qui se retira fort confus et fort courroucé. M. du Bard voulut savoir de son fils ce qui avait pu donner lieu à cette étrange scène. Le jeune homme arrangeait déjà une réponse qui réservât dans toute son intégrité le secret qu'il espérait obtenir de sa sœur. Un domestique monta tout essoufflé, annonçant que madame de Bretignolles était enfin délivrée, et qu'elle venait de mettre au monde un bel enfant du sexe masculin.

Tout le monde courut auprès de l'accouchée. Charles profita du premier moment de cette confusion pour

CHAPITRE X.

rendre à Laurentine le billet qu'il venait de recevoir du vicomte.

— Vous m'apprendrez de quoi il s'agit, lui dit-il ; et si malheureusement vous aviez une offense à venger, j'espère que vous n'auriez pas recours à un autre bras que le mien.

Elle ne répondit pas, et il ne put la contraindre à rompre le silence, parce qu'elle entra aussitôt dans la chambre de sa sœur. Depuis, elle eut toujours soin d'éviter de se trouver seule avec lui.

Madame de Bretignolles était fort délicate ; ses parens ne consentirent pas qu'elle allaitât son enfant : on le mit en nourrice chez Françoise.

Laurentine apprit avec un chagrin difficile à exprimer qu'en effet le chevalier de la Contrie était marié à une dame riche, de la même famille et du même nom que lui. Elle ne respira plus que pour se venger; mais son ressentiment dut commencer par s'armer de patience; car Charette avait quitté le pays, et personne ne pouvait répondre qu'il y dût jamais revenir.

Cependant les décrets sur les ecclésiastiques recevaient leur exécution dans toute l'étendue du royaume, et l'on n'entendait pas exempter l'évêque de Luçon de la loi commune. Les curés furent en conséquence mandés à leurs districts pour y prêter le serment exigé. Très-peu obéirent, surtout parmi ceux des campagnes. M. Guesdon et ses confrères de Chauché, des Brousils, de Boufféré, de la Rabatélière, de Vieille-Vigne, etc., refusèrent hautement. Il en fut nommé de plus soumis, et cela donna lieu à des séditions, parce qu'on ne voulut pas les recevoir. Les réfractaires continuant hardiment leurs fonctions, les municipalités reçurent ordre de faire fermer les églises. Cela ressembla à une persécution. Les bons prêtres, ainsi nommait-on ceux qui n'obéissaient pas, en firent le texte de déclamations très-animées et d'un très-grand effet sur l'esprit grossier et fanatique des paysans. Ils n'en continuèrent pas moins à célébrer les mystères de la religion; mais c'était au fond des bois, dans de profondes cavernes, avec des précautions de védettes et de postes avancés qui formaient déjà, à l'insu des instituteurs eux-mêmes, des habitudes de guerre et de contumace, dont on fit plus tard un terrible usage. Qu'on juge en outre du caractère de ces dispositions nées de l'empêchement impie de rendre à Dieu ce qui lui était dû, et de s'humilier en paix aux pieds de ses saints ministres. Quelle impression ne devait pas se produire au fond des âmes, à la vue de ces prêtres apportant furtivement les objets terribles et respectables du culte et de la foi; de cet auguste et mystérieux sacrifice consommé à l'écart, au mépris de la défense et des menaces des tyrans et des impies; de cette multitude murmurant à voix basse les chants antiques et sacrés, pour cacher à des hommes qu'elle osait célébrer la puissance et la bonté de l'Éternel! Tout servait à exalter l'imagination de ces populations fanatiques, et les préparait au funeste héroïsme dont elles épouvantèrent bientôt la patrie et l'humanité.

Le gouvernement devant faire respecter ses ordres et les autorités auxquelles il en confiait l'exécution, de bons officiers furent envoyés sur les lieux, et l'on organisa des gardes nationales dans les communes sur lesquelles on crut pouvoir compter : c'étaient en général les villes et les gros bourgs. On forma également des brigades de gendarmerie qui parcoururent le pays dans tous les sens. Il en était de même dans les extrémités contiguës de trois départemens voisins. Tout cela, par la suite, se nomma la Vendée.

Plusieurs miracles semblables à celui dont Rabillé et le chevalier de la Contrie avaient été les héros, se manifestèrent sur différens points. Cela servit à entretenir l'esprit de superstition, et à faire vendre par les pères de la mission de Saint-Laurent beaucoup de chapelets bénits et de sacrés-cœurs. L'image du Sacré-Cœur était un objet de grande vénération pour les paysans. Ils en firent plus tard un signe de ralliement.

Cet état de choses dura jusque vers le milieu de l'année 1791, qu'une véritable insurrection se manifesta. La force publique ayant voulu dissiper un rassemblement de paysans, ils résistèrent, et le sang coula. Ils commencèrent alors à se compter, à se concerter. Encouragés les uns par les autres, tous hardis, tous bons tireurs, ils se firent aisément à l'idée d'attirer la guerre dans leur pays merveilleusement disposé pour la défense, et par conséquent très-défavorable à l'attaque.

Les maîtres du Bard, témoins de ces dispositions insensées, s'en effrayaient. Au lieu de pousser ces malheureux à la révolte, disait M. Guesdon au curé de la Coupechanière, vous feriez mieux d'éclairer leur raison, et de les engager à obéir à des lois qui sont celles de la France entière. Ce ne sont pas des bandes indisciplinées de paysans qui du fond d'une province éloignée feront changer la face des choses; leur mutinerie sera tôt ou tard réprimée : mais ils auront, en attendant, appelé sur eux d'affreux malheurs; et ils subiront des châtimens dont vous, qui les poussez à ces violences, ne serez pas moins coupables que ceux qui les leur infligeront.

—Mon frère, répondait le bon prêtre, ils combattent pour leur roi et pour leur Dieu ; ce n'est pas à un ministre des autels de les en détourner.

— Leur Dieu n'a aucun intérêt à ces querelles ; et il n'a pas besoin d'eux pour triompher quand il le voudra. Quant à leur roi qui ne les a chargés ni eux, ni vous, de sa défense, vous ne nierez pas qu'ils ne puissent bien peu pour lui, et que leur téméraire assistance n'ait l'extrême inconvénient d'augmenter beaucoup le nombre de ceux qui lui veulent du mal.

— Les émigrés, soutenus de la coalition des puissances, vont bientôt rentrer. Nous leur servons de point d'appui. Par notre sainte rebellion ils prouvent aux cabinets que la France n'adhère pas tout entière au nouvel ordre de choses.

Contre un parti si décidément pris, la raison n'avait qu'à se taire. Le frère du curé n'insistait pas; mais il gémissait amèrement au fond de son cœur. Joly se signalait parmi les mécontens de son canton. Sa force, son adresse, sa bravoure en avaient fait leur chef, sans autre formalité que le consentement universel. Le plus jeune de ses fils marchait à ses côtés, comme une sorte d'aide-de-camp. L'aîné, livré à une mélancolie sombre et taciturne, paraissait rarement dans les rassemblemens.

Le bruit se répandit un jour dans le doyenné qu'un grand nombre de paroisses des environs de Bressuire s'étaient rassemblées au son du tocsin et avaient marché sur Châtillon, où siégeait le district. On trouva l'exploit glorieux, et il se forma dans tous les cœurs un vif désir de l'imiter. On ne demandait qu'une occasion, elle se fit attendre quelque temps. Dans l'intervalle, M. de Bretignolles arriva de Paris, où son service à la cour venait de finir. Il donna hautement son approbation aux sentimens qu'il vit manifester, et, ainsi que les autres gentilshommes du pays, il contribua de toutes ses forces à entretenir l'effervescence générale. Cependant sa femme s'en inquiétait beaucoup par attachement pour lui, pour toute sa famille, et surtout pour son enfant qu'elle adorait.

Enfin le mouvement tant souhaité, préparé avec tant de soins et de persévérance, eut lieu. La ville de Machecoul fut attaquée et emportée par les paysans sous la conduite du marquis de La Roche-Saint-André : M. de Bretignolles y fut blessé à l'index de la main gauche par un de ses pistolets qu'il amorça maladroitement. Il vint se faire panser au Bard, où il trancha du héros à peu de frais. Rabillé, qui était aussi de l'expédition, s'y conduisit avec beaucoup de bravoure. Il avait pour toute arme une pique rouillée que le curé de Vieille-Vigne avait dérobée pour ce pieux usage à une grande statue de Saint-Michel qui ornait son église.

On ne s'arrêta pas en si beau chemin. Le général qui venait d'acquérir tant de gloire en prenant une ville ouverte et qui fit peu de résistance, marcha sur Pornic, pour s'avancer de là sur Paimbœuf, et se mettre en état de correspondre avec l'Angleterre, dont il paraissait raisonnable d'espérer de grands secours. L'Angleterre, qui connaît le prix des choses, n'a jamais regardé à quelques sacrifices pour qu'il y eût des troubles chez nous.

On fit deux divisions de ce qu'on nommait déjà l'armée. Le marquis de La Roche-Saint-André en commanda une, et M. Dangier, seigneur de Vue, l'autre. Ce fut ce dernier qui fut chargé d'enlever Paimbœuf.

Tous les paysans portaient à leur habit un Sacré-Cœur découpé en drap rouge. Ils n'avaient point d'artillerie, point de cavalerie, et n'étaient armés que de fusils de chasse, de fourches, de fléaux, et même de simples bâtons. Ils comptaient sur le ciel bien plus que sur eux-mêmes. Ce fut de Machecoul qu'ils partirent. Réunis tous et rangés à peu près en ligne dans une vaste plaine qui est à l'ouest de la ville, ils s'agenouillèrent et reçurent la bénédiction de leurs prêtres; après quoi ils se mirent en route, ne doutant point du succès de leur entreprise. Mais l'esprit révolutionnaire avait fait plus de progrès dans les villes que parmi eux. Avertis de leur approche, les gardes nationales de Pornic et de Paimbœuf s'avancèrent à leur rencontre en bon ordre et avec du canon; elles les laissèrent approcher à portée de mousquet, et firent sur eux une décharge si meurtrière de leurs fusils et de leurs pièces chargées à mitraille, que les pauvres gens voyant tomber une partie des leurs, lâchèrent pied tout d'abord, et s'enfuirent à toutes jambes. On ne mit à leurs trousses que quelques gendarmes, et ils ne perdirent que peu de monde en se retirant.

M. Dangui, atteint à la cuisse d'un éclat de mitraille, resta au pouvoir des gardes nationales. On le fit partir le jour même pour Nantes, où le tribunal criminel le jugea; et, des instigateurs de guerre déplorable, ce fut le premier qui porta sa tête sur l'échafaud.

Les malheureux paysans furent étonnés de leur défaite; mais elle ne leur retira ni leurs illusions, ni leur confiance. Dieu les avait punis de quelque faute commise; mais les deux villes marquées par lui-même n'en devaient pas moins tomber en leur pouvoir.

Ils rentrèrent chez eux en attendant; et l'on profita de ce moment d'inaction pour organiser des comités d'administration qui étaient en même

CHAPITRE X.

temps des espèces de conseils de guerre. Le receveur des gabelles, Souchu, fut nommé président de celui de Machecoul.

Les insurgés du Haut-Poitou obtenaient de meilleurs succès; et la gloire qui en rejaillissait sur leurs chefs, presque tous gentilshommes, inspira au marquis de La Roche-Saint-André le vif désir de réparer son dernier échec. Les curés se remirent en campagne; on indiqua à jour et heure fixes une grand'messe dans le bois de Sainte-Mesme, et chacun s'y rendit en armes. Le temps était magnifique. Les femmes suivirent leurs maris et les enfans leurs pères. Plus de trente paroisses arrivèrent ainsi processionnellement, leurs prêtres et leurs seigneurs en tête, et portant pour étendards les bannières de leurs divers patrons; beaucoup l'image de la Vierge.

Quand on jugea que tout le monde devait être réuni, l'officiant parut : c'était le curé de Cheméré, vieillard vénérable, presque centenaire, et qui jouissait dans le pays d'une réputation de sainteté. Il pouvait à peine marcher. Deux jeunes diacres le soutenaient par-dessous les bras ; un réfractaire étranger le précédait comme servant, portant devant lui une pierre consacrée qu'on avait apportée de Vieille-Vigne. Le point de réunion était un espace assez vaste, de forme à peu près triangulaire, entouré de quelques grands arbres et de jeunes taillis formant des bosquets très-touffus. La pierre consacrée fut placée sur le tronc d'un chêne abattu à cet effet à l'une des pointes du triangle. Ce fut de l'extrémité opposée que le vieux curé arriva. On lui avait dressé une espèce de tente dans le taillis; il s'y reposa un moment, et s'y revêtit des habits sacrés. La foule s'écarta respectueusement à son aspect. Une mousse fine et séchée par un beau soleil s'étendait sous ses pieds comme un riche tapis. Il s'avança en récitant pieusement les prières du rituel, jusqu'à l'autel agreste qui venait d'être préparé. Des paroles de bénédiction se firent entendre, et accompagnèrent ses pas jusqu'au moment où il n'appartint plus qu'à lui d'élever la voix. Avant de commencer le saint sacrifice, il dit quelques mots à l'oreille de son assistant; et celui-ci, faisant un pas en avant, cria par trois fois, au milieu du silence de l'assemblée, en se tournant chaque fois vers une des lignes du triangle : que les braves en Dieu s'approchent! Que les braves en Dieu s'approchent! que les braves en Dieu s'approchent!

Un peu de tumulte succéda à cet ordre. Les maris embrassaient leurs femmes et leurs enfans, les jeunes gens leurs vieux pères et leurs vieilles mères en larmes, et les amis de paroisses différentes se serraient la main en se promettant de se revoir. Le calme et le silence se rétablirent bientôt. Les combattans, tenant leurs armes, s'agenouillèrent dévotement sur le bord de la clairière, et leurs familles se tinrent derrière eux dans le taillis : le triangle resta tout entier découvert. Ce ne serait pas une scène indigne du pinceau d'un artiste que celle qui s'of-

CHAPITRE X.

frit alors. Plus de dix mille hommes de tout âge, différens de costume et de taille, les uns rudes et âpres dans leurs regards et dans leur attitude, les autres offrant sur un front calme et résigné la candeur et la simplicité des mœurs champêtres. Tous réunis sous un signe de paix et de douceur, courbés devant un vieux prêtre moins digne de respect par son caractère sacré que par ses vertus privées et les marques vénérables que le temps avait imprimées sur sa figure auguste ; ce vieillard lui-même, entouré de tout ce qui peut donner à l'homme de l'empire sur ses semblables, parlant au nom d'un Dieu de paix, et consacrant par l'imposition de ses mains pures de tout crime et de toute souillure sanglante, des armes que la loi n'a pas remises à ceux qui les lui présentent, et qu'ils destinent à verser le sang de leurs frères. Cependant les familles de ces hommes altérés de carnage étaient là, se pressant derrière eux; des vieillards à cheveux blancs, des femmes, de jeunes enfans se tenant aux branches des arbres verdoyans et montrant des figures de chérubins à travers l'ombre et le feuillage. Dans ces contrastes, dans cette diversité, il y a tout ce qui peut plaire aux yeux et frapper l'imagination, en lui livrant de grandes pensées.

La messe commença. Elle fut entendue dans un grand recueillement. Le marquis de La Roche et tous les autres chefs communièrent. Ce fut un grand sujet d'espérance et d'édification pour l'assistance. Mais un moment après, quand l'officiant, élevant les

CHAPITRE X.

mains vers le ciel, prononça le *Placeat tibi, sancta Trinitas*, la voix du vieux curé devint tremblante, inarticulée; il chancela, poussa un profond soupir, et tomba la face sur l'autel. L'assistant et les jeunes diacres coururent aussitôt à lui et le relevèrent.... Il ne vivait plus.

On ne put cacher la vérité à l'assemblée. Ce fut une grande rumeur. Plusieurs paraissaient disposés à regarder cet étrange événement comme un mauvais présage; la confiance s'ébranlait, et tout était perdu. Le prêtre étranger qui avait répondu la messe du vieillard, eut heureusement de la présence d'esprit : il fit signe de la main, et, après quelques instans, obtint un peu de silence.

—Mes frères, s'écria-t-il d'une voix

de Stentor, Dieu vient de manifester par un acte bien éclatant la faveur avec laquelle il daigne recevoir nos hommages et nos vœux. Son saint vient d'être rappelé à lui; et il a voulu nous le laisser jusqu'au moment où, ayant béni notre entreprise, il ne pouvait plus nous servir qu'en la protégeant du haut des cieux. Son âme radieuse y monte majestueusement, entourée d'un glorieux cortége de saints anges et de bienheureux. Célébrons son triomphe, mes frères, et prions-le de laisser tomber un regard sur nous, du sein de la félicité éternelle, où il est reçu présentement. »

En achevant ces mots, il entonna le *Laudate, pueri, Dominum,* auquel l'assemblée répondit tout d'une voix. Le chant sacré ayant rendu aux esprits l'exaltation qui avait failli un instant leur être ravie, on se mit aussitôt en marche. Le corps du vieux curé fut porté à la tête de l'armée jusqu'à Cheméré. Là, on le déposa dans l'église; les femmes et les enfans y restèrent en prières. Les prêtres firent de même. — Allez, dirent-ils aux combattans, allez venger la cause du Seigneur. Pendant cette pieuse et digne action, ses lévites éleveront leurs mains vers lui pour vous obtenir la victoire.

XI.

Le Général.

On marcha avec beaucoup d'ardeur, et l'on fut sous les murs de Pornic avant la chute du jour. Ce petit port, ouvert sur la baie de Bourgneuf, compte une faible population. Ses habitans sont

CHAPITRE XI.

braves, aguerris, exercés, par la pêche périlleuse de Terre-Neuve, à voir le danger d'un regard ferme. Ils firent une vigoureuse résistance; mais il fallut céder au nombre, et la place fut emportée après plus de deux heures d'un combat opiniâtre. La garde nationale fut désarmée; on mit les maisons, et surtout les caves, au pillage; et, au milieu d'une épouvantable orgie, on massacra le maire, et quelques citoyens courageux qui essayèrent de le défendre.

Au commencement de l'affaire, les femmes s'étaient retirées sur les bâtimens amarrés dans le port. Le vainqueur, échauffé par l'ivresse du vin et du carnage, rêve d'autres actes de brutalité. Il leur donne de la rive l'ordre formel de revenir. Il n'y avait pas moyen de gagner le large : la marée était retirée, et les vaisseaux, reposés sur leurs quilles, n'y étaient plus maintenus en équilibre qu'au sein d'une vase noire et épaisse. Les malheureuses femmes se jettent à genoux et demandent grâce.

« Non, il faut venir.

— Au nom de la vierge Marie, et du Sacré-Cœur de son Fils que vous portez en signe de la clémence du vôtre!...

— Il faut venir.

— Au nom de vos femmes, de vos filles, de vos sœurs, que vous exposeriez à d'horribles représailles...

— Il faut venir, il faut venir! »

Et des madriers sont lancés de la rive snr les embarcations les plus voisines puis de celles-ci sur d'autres, et de proche en proche sur un bateau pêcheur, où se trouve l'élite de cette foule éplorée. Déjà Pajot, valet de ferme des environs de Princé, s'avance, le blasphême et la raillerie à la bouche ; il a mis la main sur le plat-bord de la barque, il va s'y élancer.... Une des infortunées, que cet asyle protége si mal, la plus jeune, la plus belle, la fille unique du magistrat qui vient d'être mis à mort par les mêmes mains qui la menacent de leur effroyable contact, lève les mains au ciel, prononce une parole de malédiction, et se précipite, de l'autre côté du bateau, dans la boue liquide qui semble refuser de s'ouvrir pour engloutir tant de jeunesse, de grâces et de vertu. Cette œuvre de désespoir s'est cependant consommée avant que Pajot, et ceux qui l'ont suivi, stupidement interdits à l'aspect d'un si noble courage, aient retrouvé la force de revenir à leur féroce dessein. Ils s'y décident cependant, et l'exemple de Julie Descombes va être imité par plus d'une de ses compagnes. Tout à coup un cri sinistre frappe les airs : il est apporté par une légère brise du nord : « Défenseurs de l'autel et du trône, garde à vous! »

Et un autre cri s'élève : « Aux armes! aux armes! » auquel succède une épouvantable confusion.

L'entreprise des paysans avait été conduite avec si peu de secret, leurs chefs y mirent si peu de prudence et de talent, que les gardes nationales, réunies à Nantes, purent se mettre en mouvement et arriver assez tôt, non pour secourir les malheureux habitans

CHAPITRE XI.

de Pornic, mais pour les venger. La victoire ne fut pas un instant douteuse, et coûta peu d'efforts aux nouveaux vainqueurs, bien que l'ennemi leur fût quatre fois supérieur en nombre. Les paysans, gorgés de vin et d'eau-de-vie, répandus sans ordre dans la place, couchés le long des maisons, et plongés, la plupart, dans le lourd sommeil de l'ivresse, furent surpris à l'improviste, et massacrés sans défense. Le marquis de La Roche-Saint-André tenta d'opposer quelque résistance ; il fut bientôt obligé de chercher son salut dans la fuite. Jamais déroute ne fut plus complète, jamais boucherie plus sanglante. Ce qui put s'échapper traversa la plaine et les marais au hasard, sans suivre ni routes, ni sentiers. Chacun eût voulu avoir des ailes pour aller plus vite, et suivre par les airs la voie la plus directe. La plupart retournèrent dans leurs paroisses, où, avec la nouvelle de cet affreux désastre, ils portèrent la consternation et l'effroi. Ce ne furent le lendemain que cris et désespoir dans tout ce malheureux pays.

Quelques autres cependant s'étaient réunis à Machecoul, et particulièrement les chefs. Ils accusèrent hautement le marquis de La Roche-Saint-André d'être l'auteur de leur défaite. Plusieurs demandèrent qu'il fût jugé militairement : ceux-là étaient les roturiers que les populations elles-mêmes avaient mis à leur tête. Les gentilshommes intercédèrent pour l'homme de leur caste. La délibération s'ouvrit à ce sujet, et Souchu lut quelques articles d'un acte d'accusation qu'il rédigea à la hâte. Le débat fut véhément, et menaça plusieurs fois de dégénérer en une nouvelle scène sanglante. Les voix comptées néanmoins, il fut décidé qu'on ne donnerait aucune suite à l'affaire.

— Comme il vous plaira, Messieurs, s'écria Joly en jurant; mais je vous réponds que si ce gentilhomme-là tombe sous ma main, justice n'en sera pas moins faite. Il me coûte les plus braves de mes soldats; je fais devant vous le serment que partout où je le rencontrerai, je lui brûlerai la cervelle.

Savin, Pajot, Gaston et autres chefs paysans, élus par les leurs, répétèrent le serment de Joly, et quelqu'un en courut porter avis au marquis de La Roche, qui n'avait pas jugé à propos de paraître à l'assemblée. Il connaissait ceux qui venaient de se prononcer si hautement : il se cacha, pour leur épargner un crime, selon sa propre expression, mais, selon la signification réelle du mot, pour s'épargner à lui une très-fâcheuse affaire. Il se retira au Bard.

De ce moment on put prédire que quelque succès dont cette insurrection pût se flatter, l'unité lui manquerait toujours, et qu'elle n'aboutirait à rien.

M. du Bard ne le cacha pas au marquis de La Roche-Saint-André.

Ce seigneur fut bientôt visité par ses amis qu'il instruisit du lieu de sa retraite. Il y reçut même de hauts personnages de l'armée d'Anjou, le baron de Donissant et Bernard de Marigny.

— C'est dans nos parages comme ici,

lui dirent ces Messieurs. Nous comptons parmi nous des Talmont, des d'Autichamp, des Lescure. Ce ne sont pas eux qui sont influens. Les ordres les plus ponctuellement suivis sont ceux d'un Cathelineau, simple voiturier d'un petit forestier, dont le père est cordonnier à Chaudron; d'un Stofflet, garde-chasse, etc., etc. Ils prêchent l'égalité à Paris; c'est chez nous qu'on la trouve.

— Acceptez-en donc le principe, Messieurs, leur dit le bon M. du Bard, puisque déjà vous l'avez de fait.

— Monsieur, lui répondit le baron de Donissant, la nature des choses est de s'équilibrer et de se placer selon leur pesanteur réciproque : le temps ne peut manquer d'amener cela. Au premier jour nous donnerons à tous les membres épars du corps insurgé un lien commun, un chef suprême, un généralissime enfin. Les ecclésiastiques nous seconderont ; ce sera un des nôtres : alors vous verrez.

Ce chef suprême, ce généralissime fut nommé en effet, et ce ne fut pas un des leurs ; ce fut un paysan (1).

Rabillé vint un soir au Bard apporter une grande nouvelle. Charette venait d'être nommé général du Marais, à la place du marquis de La Roche-Saint-André.

— Charette ! s'écria Laurentine en entendant ces paroles. Mais, ajouta-t-elle, il est donc revenu ?

— Oui, Mademoiselle, il est revenu

---

(1) *Cathelineau.*

depuis plus d'un mois. Il a eu le malheur de perdre madame son épouse...

— Sa femme est morte ?

— Oui ; et ça fait qu'il est veuf. Il avait même un enfant qu'il a perdu aussi. Le revoilà donc comme s'il était garçon. C'est bon pour un général de n'avoir à penser ni à femme ni à enfans... Hélas! c'est bon même pour tout le monde. On s'est souvenu d'ailleurs de ce qui nous est arrivé à monsieur le chevalier et à moi. C'est notre Josué, a-t-on dit de toutes parts, c'est un homme qui a de la religion ; voilà le général qui nous convient. Alors on a été en foule à la Fonte-Clause, et on lui a demandé de se mettre à la tête du pays. Il a commencé par répondre qu'il ne voulait pas. Eh bien ! lui ont répliqué les paysans, si vous refusez, nous allons vous tuer. Alors il a répondu tout de suite : J'accepte. Mais, a-t-il ajouté, je connais la discipline ; sans discipline il n'y a pas d'armée. *Je veux être votre véritable chef, votre maître,* avoir sur vous droit de vie et de mort. On lui a crié : Oui, nous le voulons ainsi. Vive Charette! vive notre général ! C'était une scène à tirer les larmes des yeux. Alors il a fait défoncer trois pièces de vin ; on a bu, on a dansé, on a chanté des noëls et des cantiques ; il y a pour demain rendez-vous de toute l'armée à Machecoul. Je viens en avertir M. le marquis de Bretignolles, afin qu'il ne manque pas de s'y trouver.

— Je m'y trouverai, Rabillé; on peut compter sur moi, quoique ma blessure me fasse encore beaucoup souffrir.

CHAPITRE XI.

— Ah! monsieur le marquis, il y en a eu de plus terribles dernièrement à la prise de ce damné Pornic.

— Allez, allez.

On conclut que le personnage du marquis de La Roche était terminé dans le Marais : il suivit, la nuit même, MM. Bernard et de Donissant à l'armée d'Anjou. On le déguisa en paysan, pour le préserver des fâcheuses rencontres.

Madame de Bretignolles suivit le lendemain son mari à Machecoul. Elle avait passé la nuit à essayer en vain de le dissuader de prendre part à tout cela.

Il ne fit qu'une seule réponse à ses instantes supplications : Je me déshonorerais.

— Ah! s'écria-t-elle en convenant enfin de cette fâcheuse nécessité, voilà donc où nous en sommes! Il faut même que ceux qui souhaiteraient une vie calme et paisible, s'engagent dans ces sanglans débats!

Laurentine ne dormit pas plus qu'ils ne l'avaient fait eux-mêmes; et le lendemain elle leur demanda la permission de les accompagner.

Ils rencontrèrent en route le rassemblement de la Coupechanière, et prirent avec eux leur oncle Guesdon qui en faisait partie, car nous avons oublié de dire qu'ils étaient en voiture. M. de Bretignolles, faible et le bras en écharpe, n'avait pas jugé à propos de monter à cheval, et ce lui fut un excellent prétexte pour ne pas aller à pied, que la présence des dames. La route se couvrait au loin devant eux des populations qui des communes voisines étaient envoyées à ce pélerinage. La petite ville de Machecoul ne put tout contenir. Les gens armés se faisant faire place au milieu de la foule, et devant occuper les premières places à cette solennité, se dirigeaient vers l'église où elle devait avoir lieu. M. de Bretignolles mit pied à terre, et suivit avec ses dames et le curé Guesdon les fusiliers de la Coupechanière.

« Place, place ! » criaient ceux-ci ; et, moins pour obéir à leur sommation, que par respect pour un prêtre et pour deux personnes aussi distinguées par leur extérieur que Laurentine et sa sœur, on se rangeait partout sur leur passage. Ils pénétrèrent ainsi, grâce à la présence de M. Guesdon, jusque dans l'église même. Les cloches sonnaient à grande volée ; le clergé, les enfans de chœur et les gens de la fabrique se répandaient à chaque instant de la sacristie sur tous les points de ce vaisseau peu spacieux, avec un air important et affairé qui aurait pu paraître ridicule en de moins tristes circonstances. On était sans recueillement dans cette église ; on y causait, on y riait, on s'y entretenait d'affaires mondaines, et surtout d'affaires politiques : Louis XVI était prisonnier au Temple, et sa déchéance venait d'être prononcée ; les patriotes s'enrôlaient en foule pour voler à la défense des frontières menacées ; les gardes nationales de Nantes, de La Roche-Sur-Yon, de Luçon, de Fontenay, de Niort, d'Angers, etc., etc., se mobilisaient ; les chouans menaçaient Savenay et Pont-Château, et les gens du Bocage venaient d'emporter Saint-Florent et Chollet. Quel champ pour les conjectures, les suppositions, les fausses joies et les espérances trompeuses! En ce lieu cependant, dans la *maison du Seigneur,* le sentiment religieux prêtant sa teinte à tous les autres, les rires, les médisances et les vœux sanguinaires évitaient le bruit et l'éclat, et paraissaient tous n'avoir qu'une même expression mesurée et décente.

Bientôt un homme parut revêtu de la double dignité de marguillier et de commandant des insurgés de la ville. Sa troupe, qui le suivait, forma la haie dans la nef. Il alla dire un mot dans la sacristie, et le clergé entra immédiatement au chœur. Pendant ce mouvement, de grandes acclamations se firent entendre dehors : d'abord éloignées, puis s'approchant par degrés; tantôt couvrant le bruit des cloches, tantôt couvertes par lui, selon le caprice du vent, qui, en se jouant, les dispersait dans l'atmosphère.

Laurentine se sentit près de s'évanouir. C'était Charette qui s'avançait.

Le brouhaha l'annonça long-temps avant qu'on le vît. Il parut enfin. Il était plus triste que grave; son front portait l'empreinte d'une méditation soucieuse, et de son œil vif et perçant il ne s'échappait que des regards sombres et farouches. Cependant il n'avait point négligé le soin de sa personne. Son costume était pittoresque, et un peu semblable à celui de ces brigands italiens dont nos jeunes peintres semblent se plaire à nous offrir la représentation. Il portait pour coiffure un chapeau noir à l'andromane, orné d'un large galon d'or en bourdaloue au bas et au haut de la forme; un galon plus étroit était appliqué à cheval autour du bord; un nœud de ruban noir et blanc en formait la cocarde, et ce nœud était surmonté d'un riche panache de plumes souples et ondoyantes. Sous ce chapeau, il ceignait sa tête, à la manière des Créoles, d'un mouchoir noué lâche, et retombant sur une épaule. Un large semis de points d'or enrichissait le fond de ce mouchoir qui était de mousseline blanche garnie d'une haute dentelle noire. La galanterie, le mysticisme et l'esprit de parti avaient décidé de tout cela. Son col très-élevé lui faisait porter fièrement la tête, ou était élevé parcequ'il portait sa tête ainsi :

lui seul pouvait dire ce qui en était. Par-dessus un gilet de basin blanc à boutons d'or en filigrane, il portait une petite veste bleue de forme fantasque, tenant le milieu entre l'épais vêtement de ses rustiques soldats et l'élégante soubreveste de nos hussards : il y avait encore sur cette veste beaucoup de ganses et de galons. Le Sacré-Cœur n'y manquait pas : il était brodé en laine rouge et en or. Un pantalon de chamois, très-juste et dessinant parfaitement des formes sveltes, jeunes, où la force et la grâce se faisaient également remarquer ; de petites bottines à semelles épaisses, peu élevées au-dessus des malléoles, et une moelleuse ceinture de soie blanche à franges noires en torsades, complétaient ce bizarre costume. Les armes du général consistaient en plusieurs paires de pistolets rangés dans sa ceinture, en un riche sabre à roulette, et une espingole d'un fort beau travail qu'il portait en bandoulière.

Ceux qui commandent gagnent, dit-on, à frapper l'esprit de la multitude en éblouissant ses stupides regards. Cette vérité aurait ici l'appui d'un nouvel exemple. Il n'y eut sur le passage de Charette qu'un long cri d'admiration, où dominait la voix des femmes. Et les mots qui pouvaient se recueillir dès que la foule se refermait derrière lui, étaient ceux-ci : Qu'il est bien ! qu'il a l'air martial !—Que c'est beau ces plumes blanches !— Ce n'est pas là un marquis de La Roche qui était mis tout bonnement, comme tout le monde.— Aussi s'est-il fait battre. Mais les bleus n'ont qu'à se bien tenir avec celui-ci, etc., etc.

Laurentine sentit redoubler sa haine et son indignation en voyant cet art de coquette et ce charlatanisme d'un dissolu, obtenir un semblable succès.

Dès qu'il fut entré la cérémonie commença. Les portes de l'église, restées ouvertes, laissaient voir au loin la foule qui n'avait pu trouver place dans le saint lieu : son silence et sa pieuse attitude montraient qu'elle s'associait d'intention à l'acte mystérieux qui allait s'accomplir. Charette, d'un air dévot et recueilli, mit un genou en terre, et il ne se leva que pour s'approcher de l'autel et recevoir la sainte communion. Tous les cœurs furent émus; des larmes tombèrent de tous les yeux, en voyant tant de religion en celui qui venait de donner, par la fierté de sa contenance, l'idée d'une si grande bravoure. Laurentine jetant tour à tour des regards de pitié sur l'assistance et de courroux sur son héros, exprimait un égal mépris pour l'une et pour l'autre.

Après la messe et le *Te Deum* qui la suivit, le général se rendit hors de la ville pour passer en revue les différens corps présens à son installation. Il leur fit jurer d'être fidèles au roi, de combattre et de mourir pour le rétablissement de l'autel et du trône : il prêta ensuite le même serment.

XII.

Trois Besans d'or.

CETTE formidable insurrection atteignit bientôt son plus grand développement et son plus haut degré d'énergie. Les combats furent presque continuels dans le petit cercle où s'a-

CHAPITRE XII.

gitent les intérêts actuels de cette histoire; et la Fortune y fut prodigue de revers et de succès alternatifs.

Dès les premiers jours de son élévation, Charette fut obligé d'abandonner Machecoul, et de se retirer sur le bourg de Legé. Incessamment attaqué dans cette position, l'insubordination de ses soldats, et surtout de ses officiers, le fit battre, et le contraignit de se porter sur Vieille-Vigne. Des partis parcouraient dans tous les sens ce pays naguère si fortuné, et toute sécurité en était bannie. Madame de Bretignolles ne put consentir à rester séparée de son enfant : elle fit venir au Bard Françoise et Rabillé, afin de l'avoir toujours sous les yeux. Le mari vaquait dans le jour à ses devoirs de barbier, de bedeau et de soldat; et le soir, quand il se trouvait libre, il venait à la métairie; car il ne faut pas croire que les habitans de ce malheureux pays fussent libres de garder neutralité, ou de se dispenser de prendre part à une rebellion dont beaucoup sentaient les inconvéniens et peut-être même l'injustice. Non : pour rétablir l'autel et le trône, c'est-à-dire les vieux intérêts de leurs prêtres et de leurs seigneurs, ils devaient le servir militaire sans paye et souvent sa nourriture; et plus tard il leur fut même demandé des contributions. commandant dans le ressort duquel trouvait une commune, faisait annoncer au prône que tel jour, à tel heure, on se réunirait en tel lieu; que chacun eût à s'y trouver avec des armes et des vivres; et tout le monde s'y trouvait. Celui qui eût osé y manquer se serait exposé, au retour des siens, à être massacré par eux. On a parlé des lois sanguinaires de la république; la terreur ne régnait pas moins dans ces déplorables contrées ; les citoyens n'y étaient pas moins décimés comme suspects, comme modérés, comme opposans : seulement il n'y avait pas de lois ; cette férocité venait des mœurs et des circonstances. On n'était pas toujours aussi régulièrement convoqué. Une alerte était donnée, le tocsin sonnait ; il fallait tout quitter et partir. Et ce n'était pas l'instant de la plus grande désolation pour les femmes, pour les vieux parens, pour tout ce qu'on laissait de créatures qu'on aimait, dont on était aimé, à l'existence desquelles on était nécessaire. C'était le retour ; quand *la paroisse* reparaissant diminuée de nombre, on répondait aux questions des mères et des épouses par le silence ou par des larmes. Les absens étaient morts.... ou ils étaient prisonniers.... et c'était toujours morts !

On disait des messes; les prêtres assuraient que ceux qui avaient ainsi succombé jouissaient de la félicité éternelle, et toute douleur devait se renfermer.

Quand les communes se trouvaient attaquées et surprises, c'était une bien plus grande désolation encore. Il fallait se sauver à la hâte, laisser derrière soi tout ce qui avait jusque-là rendu la vie douce : l'humble demeure qu'on avait construite, celle que l'on tenait de son père; le verger où la pomme commençait à mûrir; les jeunes arbres qui avaient donné leurs premières fleurs,

CHAPITRE XII.

et qu'on regardait avec satisfaction comme un succès obtenu, comme une espérance qui ne devait point tromper; les vieux meubles si commodes; les neufs qui faisaient l'ornement du ménage; une ruine complète enfin. Et où courir? quel refuge invoquer? On fuyait la mort prochaine et immédiate pour en trouver une non moins sûre, mais plus lente et plus douloureuse. On la trouvait quelquefois dans une embuscade voisine où l'on allait tomber. On avait vu des mères séparées de leurs jeunes enfans dans ces marches tumultueuses. L'ennemi qui les recueillait les faisait passer à Nantes, où ils étaient placés à l'hôpital pour être élevés dans les mœurs républicaines. Cette destinée paraissait à madame de Bretignolles plus affreuse que la mort même pour son cher petit Alphonse. Cet enfant venait si bien! il était d'un si be sang! lui à l'hôpital! Elle en per la tête.

Elle résolut de sortir de cette inquiétude. Une sorte de conseil de famille fut convoqué par elle à cet effet; voici ce qu'on y décida : Le moyen n'était pas neuf : il avait été assez souvent pratiqué dans des temps de troubles antérieurs; et, à l'époque dont s'agit, plusieurs parens y avaient eu recours. Ce fut de marquer l'enfant d'un signe ineffaçable, auquel on pût le reconnaître, même dans un avenir éloigné. La question fut de savoir quelle serait cette marque. La mère par un instinct juste et parfait, tel que la nature l'a donné aux mères à l'égard de leurs enfans, proposa que ce fût, en toutes lettres, le nom du pauvre petit

CHAPITRE XII.

Madame du Bard se déclara pour le même sentiment; mais elle crut qu'une partie du nom suffirait. L'opération avait quelque chose de douloureux pour un être aussi tendre; il ne fallait pas la prolonger.

— Mesdames, mesdames! s'écria M. de Bretignolles, irreligieux en tout, même en syntaxe, vous en parlez ben à vot'aise. J'veux ben qu'on marque c't enfant, mais comme un homme, et non pas comme un ch'val. Son nom! ça s'rait d'très-mauvais goût, à moins qu'on n'y joignît ses titres... et alors il aurait l'air d'un vieux parchemin.

— Un Sacré-Cœur, dit le curé de la Coupechanière.

— L'Sacré-Cœur est excellent aujourd'hui; mais nous n'savons pas c'que lui garde l'av'nir. I pourrait fort ben s'faire qu'un jour c't enfant s'trouvât fort peu flatté d'avoir ça su lui, et pour la vie.

— D'ailleurs, ajouta M. du Bard, ce signe est bien compliqué.

— C'est pire que lés armoiries d'Waldeck. Écoutez, lés meub'es de mon écu sont peu nombreux : trois besans d'or (1). Placez moi ça sous le sein gauche de c'gentilhomme-là : c'est c'que vous pouvez faire de mieux. Rien d'pus simple d'abord; trois cercles vides, deux et un. Puis ça dit quéque chose. Le besan n'est pas une monnaie qui s'donne à ceux qui achè-

---

(1) Le besan était une monnaie d'or ou d'argent de l'empire grec de Constantinople, que plusieurs chevaliers croisés mirent comme meubles dans leurs armoiries.

CHAPITRE XII.

'tent noblesse. Vous m'direz qu'au train dont vont lés choses, il en s'ra bentôt ici comme là-bas, où la noblesse n'est pus rien. Tranquillisez-vous : la noblesse s'ra toujours un titre de distinction. Aujourd'hui déjà elle fait guillotiner ou massacrer dans lés prisons; mais ça n'durera pas; et quand elle s'ra tout-à-fait abolie, à n'y pus r'venir, il n'y aura rien d'pus honorabe qu'd'êt'e un *ci-d'vant*.

On se décida pour les besans du marquis. Le médecin de la famille procura une composition chimique, dont il n'y avait qu'à frotter légèrement la peau de l'enfant pour y conserver à jamais les figures qu'on aurait préalablement tracées avec la pointe d'une aiguille.

Madame de Bretignolles ne voulut

confier cette opération à personne. Elle fit dès le soir même apporter son fils dans sa chambre; et, en présence de ses parens et de son mari, malgré les cris de l'innocent, et la douleur qu'elle en ressentait, elle lui imprima courageusement sur le sein gauche le signe protecteur qui devait le lui conserver.

Quand tout fut terminé, madame du Bard embrassant sa fille : — Allons, ma chère amie, lui dit-elle, aie confiance en Dieu à présent; grâce à la fermeté que tu viens d'avoir, nous avons tout lieu de compter qu'il n'arrivera point malheur à ce cher enfant.

On recommanda la plus grande discrétion à Françoise, et l'on s'occupa d'autre chose.

Rabillé, qui rentra peu d'instans

CHAPITRE XII.

après, trouva sa femme très-préoccupée de cette scène. Elle ne savait rien de ce qui l'avait précédée, sinon que la famille avait délibéré mystérieusement. Sa première pensée fut qu'il y avait dans tout cela quelque chose de cabalistique, où peut-être le démon avait part. Mais les dernières paroles de la pieuse madame du Bard la rassuraient. « Aie confiance en Dieu ! » Cela ne pouvait pas se dire à propos d'un acte de sorcellerie. Elle conta à son mari tout ce qu'elle avait vu.

— Oh, oh ! dit celui-ci, voilà qui mérite attention, Françoise. Tu es bien sûre que M. le curé de la Coupechanière y était ?

— Oui : il tenait une bougie d'un côté, et moi une de l'autre. Et quand le premier rond a été fini, il a dit :

c'est bien, c'est bien! et c'est lui qui a frotté la peau fraîchement écorchée du petit marquis avec la drogue que je t'ai dit.

— Cette drogue, vois-tu, Françoise, c'est peut-être une chose bénite et consacrée comme le saint-crême, comme les saintes-huiles. Tu vois qu'il faut un prêtre pour en faire usage.

— Non ; car les deux autres ronds, c'est madame du Bard qui les a frottés.

— Et ils disent que ça empêche d'arriver mal aux enfans ?

— Oui.

— Et ça se place du côté du cœur?

— Oui.

— Fais donc voir.

— J'ai peur de l'éveiller ce pauvre

CHAPITRE XII.

petit. Il crierait, et sa mère en serait toute sang-mêlée.

— Il ne criera pas cet enfant : il est si doux ! Tu lui donnerais à teter. Voyons, voyons.

En effet, Françoise démaillotta le petit Alphonse, qui, d'un caractère extrêmement doux, ne fit entendre qu'un petit cri, aussitôt apaisé par le moyen que venait d'indiquer Rabillé. Celui-ci examina la marque à loisir, et vit qu'elle était aisée à imiter.

— Françoise, dit-il en baissant la voix, si nous en faisions autant à notre petit Laurent ?

— Si ça lui faisait mal !...

— Tu vois, au contraire, que ça les préserve. Puisque des gens aussi honnêtes que ceux-ci, bons royalistes, bons défenseurs de la religion, et un saint prêtre même, l'ont fait à un enfant qui est à eux, comment veux-tu qu'il y ait rien qui puisse faire mal au nôtre ?

— Mais il faudrait avoir cette drogue.

— C'est bien difficile ! Où l'a-t-on serrée ?

— On ne l'a pas serrée du tout : elle est restée sur la cheminée de madame la marquise.

— Ils sont tous dans le grand salon à présent : tiens, on les voit d'ici. Il se passera plus de deux heures avant qu'ils aient soupé et qu'ils se retirent. Glisse-toi dans la chambre, et apporte-moi ça ; je te réponds que tout sera fini dans un quart-d'heure.

CHAPITRE XII.

— Mais....

— Allons, va, va. Que diable! Françoise, tu es bonne mère ; une bonne mère ne doit pas hésiter quand il s'agit de son enfant.

Il n'y avait rien à répondre; Françoise partit. Pendant son absence, Rabillé éveilla le petit Vincent, le fit sauter dans ses bras, et lui chanta la chanson suivante, qui était en possession de faire venir le sourire sur ses petites lèvres. Il la recommença ensuite autant de fois qu'il le crut nécessaire pour couvrir les vagissemens du pauvre petit pendant l'opération que bientôt on lui fit subir.

Le Porte-Enseigne,

CHANSON.

« Le mois de mars s'en va finir : } bis.
» Mes chers amis, il faut partir.
» Il faut partir en Angleterre :
» C'est pour y commencer la guerre. »

En Angleter' n'ont pas entré; } bis.
Les cent canons on a tiré.
On a tiré sur la bannière,
Qu'on l'a mise tout en poussière.

Quand le général eut passé, } bis.
« Y a-t-il quelque soldat blessé ?
» Hélas ! répond le capitaine,
» Nous avons là le porte-enseigne. »

CHAPITRE XII.

« O porte-enseigne, mon ami, } bis.
» Que j'ai peine à te voir mouri !
» — Moi, ma seul' pein' dedans ce monde,
» C'est de mouri sans voir ma blonde. »

« Qu'un navire on fasse approcher, } bis.
» Que sa blonde on aille chercher ;
» Qu'on courre la terre et la mère
» Pour l'amener en Angleterre. »

Du plus loin qu'il la voit venir, } bis.
Son cœur en pousse un grand soupir.
« Ah ! viens, dit-il, beauté charmante,
» Car ma blessure me tourmente. »

« — J'engagerai mes diamans } bis.
» Et mes joyaux les plus brillans ;
» Je vendrai ma belle parure,
» Pour qu'on guérisse ta blessure. »

« — O mon amour, garde ton bien : } bis.
» Cela ne servirait de rien.
» Vis pour briller dedans ce monde ;
» Moi.... ma blessure est trop profonde. »

« Demain, avant qu'il soit midi, ⎫
» Tu n'auras plus ton doux ami : ⎬ bis.
» Tu l'auras vu porter dans terre
» Par quatre zofficiers de guerre. »

Il avait dit la vérité: ⎫
Demain dans terre il fut porté. ⎬ bis.
Puis la blonde et le capitaine
Ont oublié le porte-enseigne.

Ainsi que l'avait promis Rabillé, au bout d'un quart-d'heure le petit Laurent avait, comme le petit Alphonse, *trois besans d'or* sur la poitrine; et ses parens crurent avoir appelé sur lui toutes les bénédictions du ciel.

La composition fut discrètement reportée à sa place. Françoise et son mari convinrent que le secret serait inviolablement gardé entre eux. On verra par la suite qu'ils ne manquèrent point à cette parole.

FIN DU PREMIER VOLUME.

TABLE DES CHAPITRES.

                                          Pages.

CHAP.   Ier. Le Bard.   1

II. Frère Magloire, Monsieur le Chevalier.   15

III. L'Apparition.   30

IV. Laurentine.   43

V. Scènes nocturnes.   53

VI. Le Sabotier d'Esenay.   69

VII. Le Baptême.   90

VIII. Eclaircissement.   110

IX. Demande de mariage.   124

X. La Messe dans les bois.   146

XI. Le Général.   180

XII. Trois Besans d'or.   204

FIN DE LA TABLE.

Paris. — Imp. de FÉLIX LOCQUIN, rue N.-D.-des-Victoires, u.